Sekundarstufe

Rudi Lütgeharm

Amphibien

MERKMALE

SYSTEMATIK

LEBENSWEISE

BEDROHUNG/
GEFÄHRDUNG

„STECKBRIEFE“

3

Amphibien in der Übersicht
– von A bis Z

Amphibien und Kontinente

www.kohlverlag.de

Amphibien

1. Auflage 2023

Inhalt: Rudi Lütgeharm
Umschlagbild: © monitor6 - AdobeStock.com
Redaktion: Kohl-Verlag
Grafik & Satz: Eva-Maria Noack / Kohl-Verlag
Druck: Druckerei Flock, Köln

Bestell-Nr. 12 932

ISBN: 978-3-98558-313-3

Der vorliegende Band ist eine Print-Einzellizenz

Sie wollen unsere Kopiervorlagen auch digital nutzen? Kein Problem – fast das gesamte KOHL-Sortiment ist auch sofort als PDF-Download erhältlich! Wir haben verschiedene Lizenzmodelle zur Auswahl:

	Print-Version	PDF-Einzellizenz	PDF-Schullizenz	Kombipaket Print & PDF-Einzellizenz	Kombipaket Print & PDF-Schullizenz
Unbefristete Nutzung der Materialien	x	x	x	x	x
Vervielfältigung, Weitergabe und Einsatz der Materialien im eigenen Unterricht	x	x	x	x	x
Nutzung der Materialien durch alle Lehrkräfte des Kollegiums an der lizenzierten Schule			x		x
Einstellen des Materials im Intranet oder Schulserver der Institution			x		x

Die erweiterten Lizenzmodelle zu diesem Titel sind jederzeit im Online-Shop unter www.kohlverlag.de erhältlich.

Inhalt

KOHL VERLAG Lernen mit Erfolg
AMPHIBIEN Sekundarstufe – Bestell-Nr. 12 932

1 Vorwort und Einführung

> „Nicht überall, wo Wasser ist, sind Frösche;
> aber wo man Frösche hört, ist Wasser."
>
> *Johann Wolfgang von Goethe*

Unter allen wildlebenden Tieren sind es insbesondere die Amphibien, die vielen Schülern* meistens nur durch Märchen und Mythen bekannt sind und geheimnisvoll bleiben. Kröten und Schlangen, seltene Frösche, Echsen und Molche bevölkern die Sagenwelt. Ihre Bedeutung ist widersprüchlich. Amphibien haben in unserem Kulturkreis oft einen schwierigen Stand – Sprüche wie „einen Frosch im Hals zu haben" oder „Sei kein Frosch!" sind oft negativ belastet. Manchmal bringen sie aber auch Glück und Reichtum. In einigen Märchen besitzen diese Tiere magische Kräfte und verkörpern freundliche, hilfsbereite Naturen, die dem Menschen immer wieder zu Gutem verhelfen.

Schüler von heute haben in der Regel Froschlurche oder Schwanzlurche noch nie in freier Wildbahn gesehen und natürlich auch keine wirklich „greifbaren" Erfahrungen mit Amphibien gemacht. Amphibien kennen sie, wenn überhaupt, nur aus Filmen, Fernsehsendungen und aus Dokumentationen.

Amphibien sind schon seltsame Urviecher – Amphibien oder Lurche (*Amphibia*) sind die stammesgeschichtlich älteste Klasse der Landwirbeltiere (*Tetrapoda*)[1] und lebten schon lange vor den Säugetieren auf der Erde. Die ersten Vorfahren der Amphibien besiedelten bereits vor über 300 Mio. Jahren unsere Erde. Ihre Lebensweise hat sich seitdem kaum verändert, das heißt noch immer beginnt ihr Leben im Wasser und endet an Land.

Amphibien mit ihren 3 gegenwärtig noch lebenden/vorkommenden Ordnungen der Froschlurche, Schwanzlurche und Schleichenlurche sind die evolutionären Nachfahren der ersten Knochenfische.

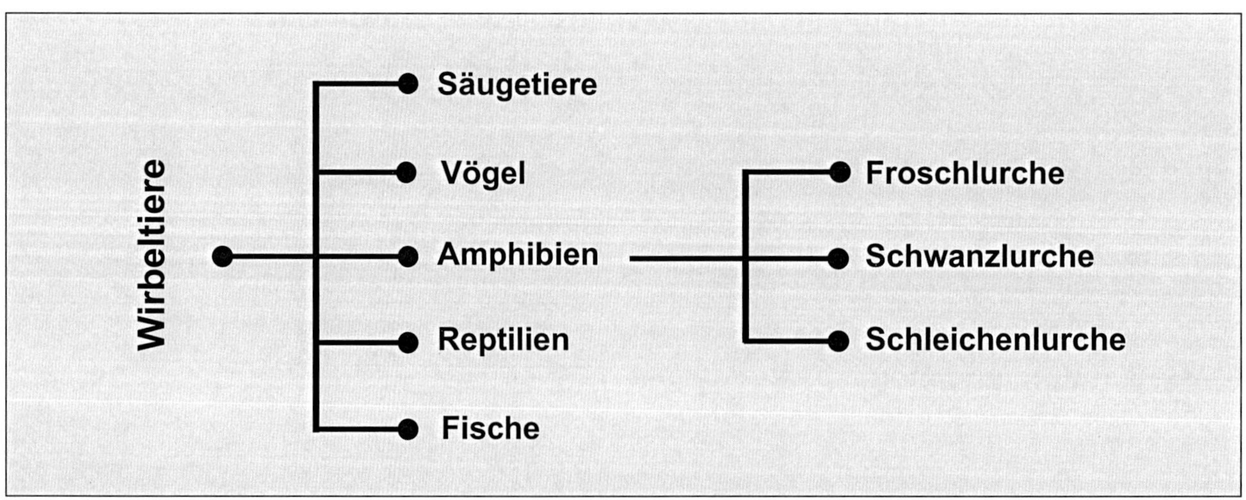

**Mit den Schülern bzw. Lehrern sind im ganzen Heft selbstverständlich auch die Schülerinnen und Lehrerinnen gemeint!*

1 Als Landwirbeltiere (*Tetrapoda*) fasst man in der biologischen Systematik die Wirbeltiere zusammen, die über vier (griech. = *tetra*) Füße (griech. = *podes*) verfügen. Dazu gehören also die Amphibien (*Amphibia*), die Reptilien (*Reptilia*), die Vögel (*Aves*) und die Säugetiere (*Mammalia*) einschließlich Menschen.

1 Vorwort und Einführung

Im 5. Schuljahr lernen die Schüler in der Regel Biologie als eigenständiges Fach kennen. Damit der Übergang ohne Probleme gelingt, knüpft dieses Buch an die Kenntnisse der Schüler aus dem Sachunterricht der Grundschule an und behandelt unter anderem Inhalte der Lehrpläne bzw. des Kerncurriculum Biologie für die Klassen 5/6.
„Lurche und Kriechtiere" – Wirbeltiere in ihren Lebensräumen

Den Schülern muss im Unterricht erklärt und im Umgang mit den Unterrichtsinhalten bewusst werden, dass Amphibien (*Amphibia*) oder Lurche eine besondere Klasse der Wirbeltiere bilden. Sie leben in Feuchtgebieten und sind für ihre Fortpflanzung an Gewässer gebunden.

Viel unserer Amphibienarten sind in ihrer Existenz bedroht, weil ihre wichtigen Laichgewässer der intensiv betriebenen Landwirtschaft oder der Ausweitung des Siedlungs- und Straßenbaus zum Opfer fallen. Außerdem bereiten auch der Klimawandel und diverse Krankheiten den Amphibien Probleme. Viele der heimischen Amphibienarten sind in der Roten Liste aufgeführt.

- Dieses Buch vermittelt grundlegendes Wissen über Amphibien, nennt unter anderem ihre besonderen Merkmale, ihre Lebensweise, ihren Lebensraum und auch ihre Gefährdung durch den Menschen. Die vielen anschaulichen Abbildungen tragen dazu bei, dass sich die Schüler ein Bild machen können.
- „Steckbriefe" ausgewählter einheimischer Amphibien veranschaulichen die Kenntnisse und regen dazu an, selbstständig weitere Streckbriefe zu erstellen.
- Die Schüler werden zusätzlich in die Lage versetzt, die Besonderheiten von Amphibien (z. B. Metamorphose) zu verstehen und einzuordnen.
- Dem Lehrer (auch dem fachfremd unterrichtenden) werden leicht verständliche Hilfen und sofort einsetzbare Aufgaben im Umgang mit dem Thema Amphibien angeboten.

Dieses Buch informiert aber nicht nur über die Merkmale und Besonderheiten von Amphibien, sondern möchte auch über

die aktuelle Gefährdung von Amphibien (meistens durch menschliche Einwirkungen)

berichten.

Viele Schüler sind an diesen Informationen stark interessiert, manche Schüler bringen Vorkenntnisse über die Bedrohung der Amphibien in den Unterricht ein und setzen sich aktiv für den Schutz von Amphibien ein, z. B. beim Aufstellen von Fangzäunen, tragen Kröten über die Straße oder legen Ersatzlaichgewässer an.

Krötenzaun mit Tunnel an einer Straße

Viel Spaß und Erfolg bei der Beschäftigung mit Amphibien wünschen der Kohl-Verlag &

Rudi Lütgeharm

2 Lehrplan/Kerncurriculum Kl. 5/6 – Amphibien

Biologische Grundbildung ist eine wesentliche Voraussetzung für ein Verständnis von Schlüsselproblemen unserer Zeit und damit für den Anspruch auf Selbst- und Mitbestimmung in der Gesellschaft. Das Fach Biologie leistet einen Beitrag zum Verständnis des Verhaltens von Lebewesen und der Rolle des Menschen in der Natur.[1]

Aufgaben und Ziele des Faches: Der Biologieunterricht der Hauptschule soll die Schüler in die Lage versetzen, in Situationen, die biologische Kenntnisse erfordern, sachgerecht zu urteilen. Die Schülerinnen und Schüler sollen die Eigenart des Menschen unter den Lebewesen erkennen, Verantwortung gegenüber sich selbst, ihren Mitmenschen sowie der Natur und Umwelt übernehmen und entsprechend handeln. Daneben soll der Biologieunterricht vor allem auch zur Wertschätzung und Achtung von Lebewesen führen.[2] Häufig kann über die Inhalte des Fachs Biologie ein emotionaler Zugang zur Natur, zu Lebewesen allgemein und in diesem Fall ganz speziell zu Amphibien hergestellt werden.

Obwohl die Lehrpläne der einzelnen Bundesländer variieren, ist das Thema Wirbeltiere und damit unter anderem auch das Thema Amphibien Bestandteil des Unterrichts in den Klassen 5 und 6, siehe Beispiele Sachsen und Hessen.

Übersicht über die Lernbereiche und Zeitrichtwerte[3]

Klassenstufe 5		**Zeitrichtwerte**
Lernbereich 1	Merkmale des Lebens	2 Std.
Lernbereich 2	Fische – Wirbeltiere in ihrem Lebensraum	11 Std.
Lernbereich 3	**Lurche und Kriechtiere in ihren Lebensräumen**	**11 Std.**
Lernbereich 4	Vögel – Wirbeltiere in ihrem Lebensraum	10 Std.
Lernbereich 5	Säugetiere – Wirbeltiere in ihren Lebensräumen	16 Std.

… Lebewesen sind an ihren Lebensraum angepasst[4] – 8 Std. – Amphibien	
Begründung: Ein weiterer Aspekt der Angepasstheit ist die Abhängigkeit oder Emanzipation vom Wasser. An diesem Beispiel ist zu erkennen, wie leicht unser Verhalten in der Umwelt Lebewesen beeinträchtigt. Bei den Amphibien besteht ein enger Zusammenhang zwischen Körperbau und Lebensweise einerseits und der weltweiten Gefährdung andererseits.	
Verbindliche Unterrichtsinhalte/Aufgaben:	
Regulation der Sauerstoffversorgung →	Haut- und Lungenatmung beim Frosch, Regulationsmöglichkeiten
Steuerung der Metamorphose →	Hormonelle Steuerung, Interpretation von Versuchsergebnissen
Strategien der Brutpflege →	Eizahl und Brutpflegeintensität

Ein aussagekräftiges Foto oder eine Abbildung mit verschiedenen Amphibien kann motivierend auf die Schüler wirken. Mit den Aussagen und Vermutungen zum abgebildeten Tier und der Nachfrage nach Vorkenntnissen über die Lebensweise oder den Entwicklungsstand dieses Lurches ist man schon mitten drin im Thema.

Grasfrosch in der Metamorphose

1 Freistaat Sachsen: Staatsministerium für Kultus – Lehrplan Oberschule – Biologie, S. 2
2 Hessisches Kultusminist.: Lehrplan Biologie – Bildungsgang Hauptschule Jahrgangsstufen 5 bis 9/10, S. 3
3 Freistaat Sachsen: Staatsministerium für Kultus – Lehrplan Oberschule – Biologie, S. 5
4 Hessisches Kultusminist.: Lehrplan Biologie – Gymnasialer Bildungsgang Jahrgangsstufen 5 bis 13, S. 16

AMPHIBIEN Sekundarstufe – Bestell-Nr. 12 932
KOHL VERLAG

2 Lehrplan/Kerncurriculum Kl. 5/6 – Amphibien

Das Tafelbild „Amphibien“ wird die Schüler erfahrungsgemäß zu vielen unterschiedlichen Äußerungen/Meinungen anregen und einen breiten Zugang zum Thema ermöglichen. In weiteren Stunden werden die Aussagen der Schüler geordnet, selbstständig oder in Kleingruppen gemeinsam vertieft, „verschriftet“ und festgehalten.

Das Thema „Amphibien“ ist komplex und umfassend und muss deshalb Schritt für Schritt mit den Schülern erarbeitet werden.

Folgende Teileinheiten/Überschriften wären u. a. denkbar:

- Merkmale der Amphibien;
- Körperbedeckung;
- Lebensräume;
- Gliedmaßen und Fortbewegung;
- Körpertemperatur;
- Brutpflege;
- Überwinterung;
- Hilfen für einheimische Amphiben;
- Unterscheidung zwischen Amphibien und anderen Tierarten;
- Anpassung der Amphibien an ihre Lebensräume;
- Beispiele und Steckbriefe ausgewählter Amphibien;
- Gefährdung der Amphibien durch den Menschen.

Am Ende der Bearbeitung des Themas „Amphibien“ sollten die Schüler über ein Grundwissen verfügen und u. a. in der Lage sein:

- die typischen Merkmale von Amphibien zu benennen;
- die Entstehung der Amphibien im Laufe der Evolution zu beschreiben;
- Amphibien von anderen Wirbeltieren zu unterscheiden;
- die Fortpflanzung von Amphibien und deren Besonderheiten zu beschreiben;
- die Lebensweise und den Körperbau von zwei Amphibienarten zu beschreiben;
- die Gefährdung der Amphibien zu erläutern und mögliche Hilfen zu benennen.

Tipp/Hinweise:

Eine Annäherung an das Thema kann auch über die Amphibien erfolgen, die die Schüler vielleicht schon einmal selbst in der freien Natur gesehen haben, z. B. Erdkröte im Garten, Feuersalamander, Grasfrösche etc. Es ist sinnvoll, das Thema Amphibien im Januar/Februar konkret in den Unterricht einzubauen, um dann evtl. eine Amphibienschutzaktion (Krötenzaun) als handlungsorientierte Praxis zu begreifen (Umwelterziehung mit Herz, Kopf und Hand), die auch den Schülern viel Spaß bereitet. Aufgrund von Erfahrungswerten kann man sagen, dass die Amphibien erst ab einer Temperatur von mind. 5 °C wandern; in der Regel sind die Wanderungen um so größer, je feuchter das Wetter ist. Erfahrungen zeigen, dass sie (je nach Witterung) von Mitte Februar bis Anfang April zu ihren Laichgewässern wandern.

Aufgabe 1:

Suche aus dem Tafelbild oben alle Wörter heraus, die unmittelbar mit „Amphibien“ in Verbindung gebracht werden können, und schreibe sie alphabetisch geordnet in dein Heft.

Aufgabe 2:

Wann wandern die Amphibien zu ihren Laichgewässern?

Aufgabe 3:

Beschreibe die Abbildung und nenne Maßnahmen zum Schutz von Kröten und Fröschen.

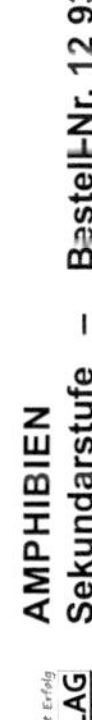

Biologie

Evolution – Botanik – Ökologie – Physiologie – Anatomie – Zoologie

Im 5. Schuljahr lernen die Schüler das Fach Biologie als eigenständiges Fach kennen. Damit der Einstieg und der Übergang in das neue Fach erfolgreich geschieht, sollten Themen und Vorgehensweisen immer an die Kenntnisse, Erfahrungen und Fähigkeiten der Schüler aus dem Sachunterricht der Grundschule anknüpfen.
Oft scheitern Schüler nicht am behandelten Thema selbst, sondern vielmehr daran, dass ihnen die Vorkenntnisse fehlen. Damit Schüler Informationen über Tiere, Pflanzen und Natur bzw. Umwelt besser verstehen und einordnen können, sollte ihnen ein Grundwissen im Fach Biologie vermittelt werden.

Es macht Sinn, mit der Erklärung des Begriffes **Biologie** zu beginnen und danach einige wichtige Teilbereiche wie **Evolution**, **Botanik**, **Ökologie**, **Physiologie**, **Anatomie** und natürlich die **Zoologie** zu benennen, altersgerecht zu erläutern und dabei möglichst schon die Amphibien zu berücksichtigen.

- Der Begriff Biologie setzt sich aus den altgriechischen Wörtern *bios* (= Leben) und *logos* (= Lehre) zusammen. Biologie ist die „Lehre vom Leben“.
- Konkret ist damit die Wissenschaft allen Lebens und der Lebewesen gemeint. Als klassische Naturwissenschaft beschäftigt sich die Biologie mit den chemischen und physikalischen Vorgängen im Organismus, seiner Entwicklung und den übergeordneten Gesetzmäßigkeiten.
- Und das schließt Menschen, Tieren, Pflanzen, Pilze und Bakterien mit ein!
- So kann die Biologie Antworten auf viele generelle Fragen geben, darunter „Wie ist ein Lebewesen aufgebaut?” oder „Wie funktioniert das Leben?”. (Biologie-Schule.de)

Die **Evolutionsbiologie** (Lehre von der allmählichen Entwicklung der Lebewesen) befasst sich mit der Entstehung und Weiterentwicklung von Lebewesen. Dazu gehören die Entstehung des Lebens sowie die Bildung, Umwandlung und Weiterentwicklung der Arten. Evolution erklärt die Veränderung der Merkmale einer Population (= Bevölkerung) über Generationen hinweg durch das sogenannte Prinzip von Mutation und Selektion. Dieses Prinzip beschreibt die natürliche Auslese sowie die Weiterentwicklung durch das Überleben der jeweils bestangepassten Individuen einer Art.

Zeitleiste der Evolution von den *Protozoen* (einzelligen Tiere) zum Menschen

Die **Botanik** (Pflanzenkunde) beschäftigt sich mit der Systematik, dem Lebenszyklus, Stoffwechsel, Aufbau und Wachstum von Pflanzen. Die Botanik untersucht den Bau, die Lebensweise, Verbreitung, Lebensfunktionen und Verwandtschaftsverhältnisse der Pflanzen. Die Botanik beschäftigt sich auch damit, wo auf der Erde welche Pflanzen wachsen und welche Voraussetzungen dafür wichtig sind.

Lebenszyklus der Sonnenblume

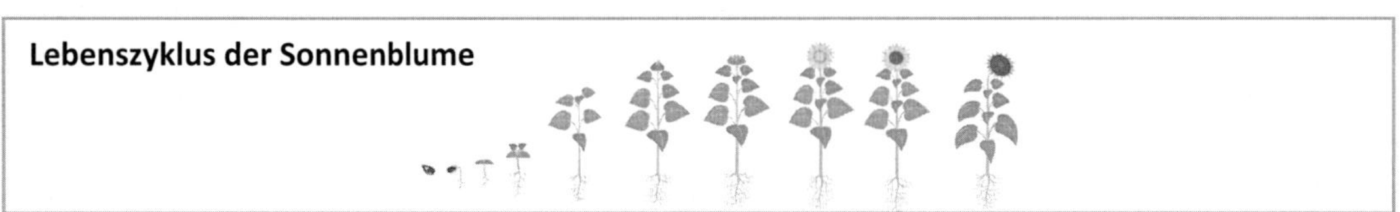

AMPHIBIEN Sekundarstufe – Bestell-Nr. 12 932
KOHL VERLAG

3 Biologie: Evolution – Botanik – Ökologie – Physiologie – Anatomie – Zoologie

Die **Ökologie** beschreibt die Wechselwirkungen zwischen Organismen untereinander und ihrer Umwelt, das heißt zwischen Lebewesen und abiotischen[1] Faktoren wie Klima, Boden, Licht, Wasser und chemischen Faktoren.

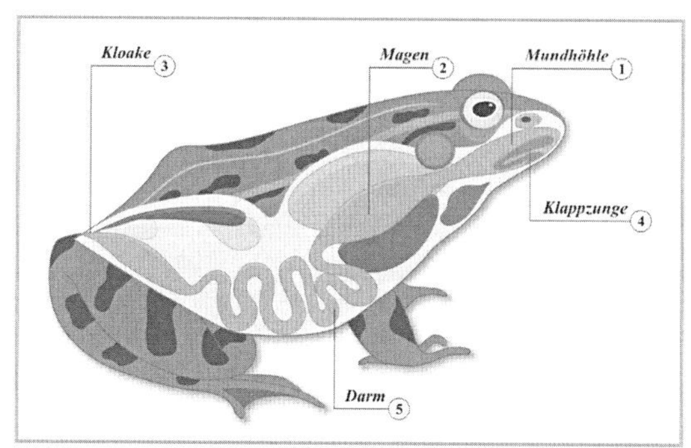

Die **Physiologie** (Lehre von den Lebensvorgängen) untersucht die Funktionen und Leistungen einzelner Teile eines Organismus und deren Zusammenwirken. Sie erforscht die Funktionen und Leistungen von Zellen, Gewebe, Organen und Organsystemen der Organismen (des Organismus und seiner Teile). Damit sollen die grundsätzlichen Zusammenhänge der Lebensvorgänge untereinander und ihre Abhängigkeit von den Umweltverhältnissen aufgeklärt werden.

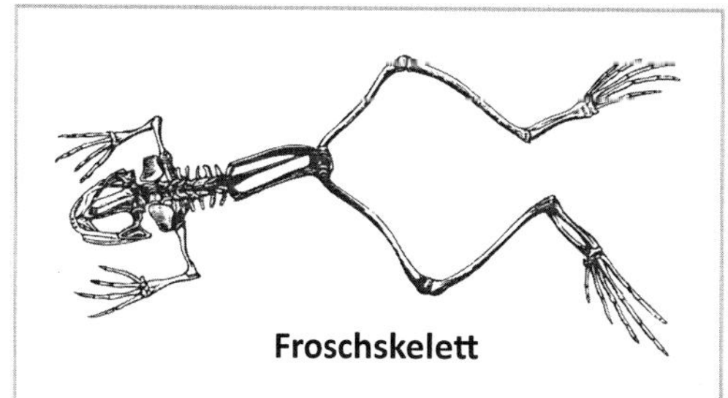

Die **Anatomie** (Lehre vom Körperbau) vermittelt Einblicke in die Gestalt, die Lage, den Bau und die Beschaffenheit der Körperteile und Organe des menschlichen und tierischen Körpers. Von der Wortbedeutung her (griech. *ana tome* = Aufschneiden) bezieht sie sich aber mehr auf den inneren Bau der Lebewesen, den man durch das Auseinanderschneiden, Sezieren und Präparieren erforscht.

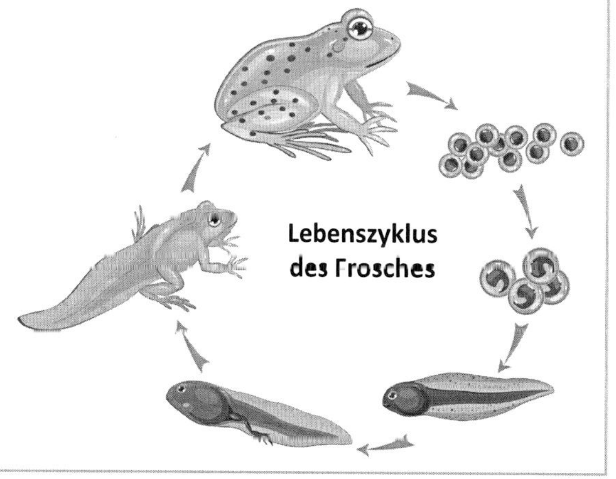

Die **Zoologie** (altgriech. *zoon* = Tier) beschäftigt sich umfassend mit den Tieren. Dazu zählen unter anderem Aufbau (Anatomie), Entwicklungsgeschichte (u.a. Paläozoologie), Erscheinungsbild (Morphologie), Fortpflanzung, Lebensraum, Vererbung (Genetik) und das Verhalten von Tieren. Sie untersucht Bau, Lebensweise, Stammesgeschichte und Verbreitung der tierischen Organismen. Die allgemeine Zoologie untersucht in erster Linie den Bau der Organismen sowie Bau und Funktion ihrer Organe.

Da sich der Unterricht im Fach Biologie im Teilbereich Zoologie mit Tieren beschäftigt, sind die Schüler meistens hochmotiviert und mit großem Interesse bei der Sache. Wenn das Thema Amphibien im Unterricht schwerpunktmäßig behandelt wird, ist es manchmal sinnvoll, mit den Schülern zunächst über Wirbeltiere (evtl. wiederholend) zu sprechen, damit sie das Thema Amphibien besser einordnen können. Alle Wirbeltiere haben eine Wirbelsäule, ein verknöchertes oder knorpeliges Skelett (siehe Frosch-Skelett), Nieren als Ausscheidungsorgane, hochentwickelte Augen, ein geschlossenes Herz-Kreislauf-System und ein Gehirn, das vom Schädel geschützt wird.

1 Unter *abiotisch* (griech. „nichtlebend“) werden alle Umweltfaktoren zusammengefasst, an denen Lebewesen nicht erkennbar beteiligt sind.

KOHL VERLAG AMPHIBIEN Sekundarstufe – Bestell-Nr. 12 932

Aufgabe 1:

Ziehe Linien von den Abbildungen zu den richtigen Texten. Lösung:

1

2

3

4
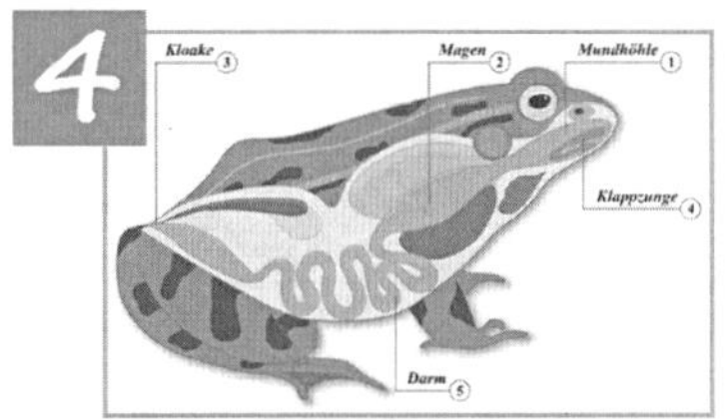

5
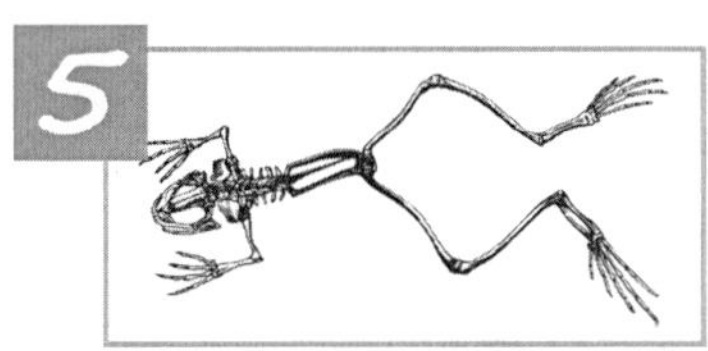

6
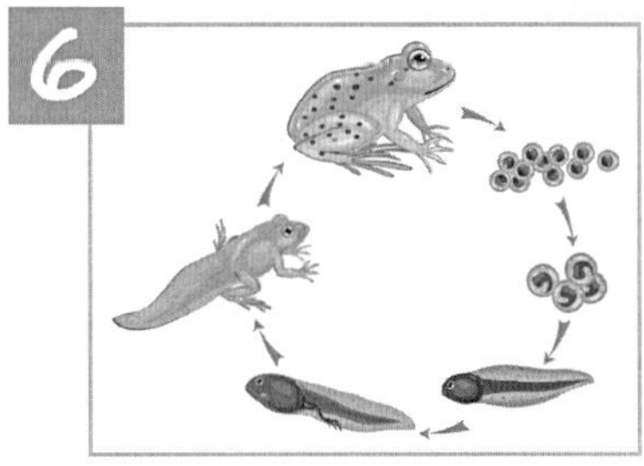

E — Die **Anatomie** (Lehre vom Körperbau) vermittelt Einblicke in die Gestalt, die Lage, den Bau und die Beschaffenheit der Körperteile und Organe des menschlichen und tierischen Körpers.

E — Die **Botanik** (Pflanzenkunde) beschäftigt sich mit der Systematik, dem Lebenszyklus, Stoffwechsel, Aufbau, Wachstum und Verwandtschaftsverhältnissen der Pflanzen.

K — Die **Ökologie** beschreibt die Wechselwirkungen zwischen Organismen untereinander und ihrer Umwelt, d. h. zwischen Lebewesen und abiotischen Faktoren wie Klima, Boden, Licht, Wasser und chemischen Faktoren.

N — Die **Zoologie** beschäftigt sich umfassend mit den Tieren. Dazu zählen unter anderem Aufbau (Anatomie), Entwicklungsgeschichte, Erscheinungsbild, Fortpflanzung, Lebens-raum, Vererbung und das Verhalten.

I — Die **Evolutionsbiologie** (Lehre von der allmählichen Entwicklung der Lebewesen) befasst sich mit der Entstehung und Weiterentwicklung von Lebewesen.

M — Die **Physiologie** (Lehre von den Lebensvorgängen) untersucht die Funktionen und Leistungen einzelner Teile eines Organismus wie Zellen, Gewebe, Organe und deren Zusammenwirken.

Aufgabe 2:

Sieh dir die Abbildung rechts genau an. Welches Tier ist hier abgebildet? Nenne die Besonderheiten dieses Tieres.

____

____

____

Aufgabe 3:

Erläutere den Begriff „Evolutionsbiologie". Schreibe in dein Heft/deinen Ordner.

4 Evolution und Amphibien

Amphibien sind das älteste *Taxon*[1] der landlebenden Wirbeltiere. Vor rund 360 Millionen Jahren entwickelten sich die Vorfahren der heutigen Amphibien aus frühen Fischen, die bereits mit beinähnlichen Flossen auf dem Grund von Flüssen und Seen herumrobbten. Amphibien sind die evolutionären Nachfahren der Knochenfische, die im Devon[2] vor ca. 416-359 Mio. Jahren vom Meer aus das Land besiedelten. Das Devon wird gemeinhin als Blütezeit der Fische betrachtet, die in allen marinen und fluvialen Lebensräumen vorkamen.

Der **Landgang der Wirbeltiere** während des Devon, also der evolutionäre Übergang von im Süßwasser lebenden Knochenfischen zu den Vorformen der heutigen an Land lebenden Amphibien ist durch Fossilien belegt. Möglich wurde der Übergang vom Wasser zum Landleben durch Veränderungen im Bau der Atmungsorgane und der Gliedmaßen. Anstelle der Kiemenatmung von im Wasser lebenden Tieren trat die für das Landleben notwendige Lungenatmung. Die Brust- und Bauchflossen bildeten sich im Laufe der Zeit in Gliedmaßen um, mit denen sich die Tiere auf dem Lande fortbewegen konnten.

Als **Landwirbeltiere (*Tetrapoda*)** fasst man die Wirbeltiere zusammen, die über vier (grie.= *tetra*) Füße (grie.= *podes*) verfügen. Dazu gehören die Amphibien, die Reptilien, die Vögel, die Säugetiere und die Menschen. Dabei können sich im Laufe der Evolution die Vorderbeine zu Flossen (Wale) oder zu Flügeln (Vögel) entwickelt haben. Einige der Arten des Devons stammten aus der Familie der Fleischflosser (*Sarcopterygii*), die sich in unzulänglichen Sumpfgebieten ansiedelten, wohin ihnen die Räuber nicht folgen konnten.

Panderichthys (= urtümlicher Quastenflosser)
wird als Übergangsform zwischen Fischen und primitiven Landwirbeltieren angesehen, da die Knochen seiner vorderen Brustflossen bereits weitgehend zu Gliedmaßen umgestaltet waren, die hinteren Bauchflossen hingegen noch weitgehend fischähnlich waren.

Panderichthys wird auch als urtümlicher Quastenflosser bezeichnet.

Da die Sümpfe teilweise austrockneten, mussten sich die Fleischflosser einer teilweise terrestrischen (dem Festland zugehörigen) Lebensweise anpassen. Das ging mit einer Reihe von Umwandlungen einher, so entwickelten sich aus den Fischflossen robuste Extremitäten, die sich in Oberarm, Elle und Speiche des Unterarms, Handwurzel und Finger untergliedern. Die Fortbewegung an Land fiel späteren Generationen der Fleischflosser mit spezialisierten Vorder- und Hinterflossen leicht.

Die Entwicklung einer Lunge, die in Abwesenheit von Wasser auch Luft als Sauerstoffquelle nutzen konnte, erlaubte schließlich den Durchbruch von einer rein aquatischen hin zu einer amphibischen Lebensweise. Der Schädel der Fleischflosser entspricht dem der ursprünglichen Landwirbeltiere.

1 Als *Taxon* (*das*, Plural: *Taxa*; zu griech. *táxis*, (An-)Ordnung, Rang) bezeichnet man in der Biologie eine als systematische Einheit erkannte Gruppe von Lebewesen.

2 Das Devon ist das vierte der sechs Zeitalter des Erdaltertums (Paläozoikum). Es begann vor 419,2 Millionen Jahren mit einem sanften Übergang aus dem Silur und endete vor 358,9 Millionen Jahren. Der Name leitet sich von der britischen Grafschaft Devon ab.

4 Evolution und Amphibien

Tiktaalik (= amphibienähnlicher Fleischflosser) verkörpert eine Zwischenform und wird als „Missing Link[3]"oder Mosaikform[4] zwischen wasser- und landlebenden Wirbeltieren betrachtet. *Tiktaalik* ähnelt Fleischflossern wie den Quastenflossern und den Lungenfischen in der Beschuppung. Die Brustflossen erinnern an Arme mit Ellenbogen- und Handgelenk, die aber nicht in Finger, sondern in Flossenstrahlen enden. Der Fisch mit dem krokodilähnlichen Schädel steht zwischen den Raubfischen *Panderichthys* und den ältesten Tetrapoden *Acanthostega* und *Ichthyostega*.

Tiktaalik – amphibienähnlicher Fleischflosser, Übergangsart zwischen Fischen und Beintieren

Ichthyostega (= Urlurch)
Die Entwicklung aller Landwirbeltiere wird überwiegend auf einen Urtyp, die Urlurche zurückgeführt. Sie gelten als die geologisch ältesten und ursprünglichsten Amphibien. Dieses Tier bewohnte unsere Erde lange vor den Dinosauriern und ist eines der ersten vierbeinigen Wirbeltiere.

Ichthyostega (grie. *ichthys* = Fisch und *stega* = Dach, Schädel) war eines der ersten Landwirbeltiere, das zeitweise auf dem Land leben konnte. Er war über 1 m lang, hatte einen ca. 20 cm langen, massiv gebauten Schädel mit in der Mitte liegenden Augenöffnungen. Das Schädeldach und der Oberkiefer waren fest miteinander verbunden. Die Hand war wahrscheinlich mindestens fünffingerig, der Fuß fünfstrahlig. Die Extremitäten waren kurz und stämmig. Sein Körper war mit kleinen Schuppen bedeckt und hatte – im Vergleich zu anderen Fischen dieser Zeit – eine starke Wirbelsäule.

Er lebte in der Nähe von Flüssen, Seen und Sümpfen – an Orten, an denen er schwimmen konnte. Der Ichthyostega war ein Fleischfresser. Um sich vor anderen gefährlichen Raubtieren zu schützen und auf der Suche nach Nahrung war er gezwungen, an Land zu gehen. Seine Nahrung bestand aus Fischen, Insekten und kleinen Landtieren. Genau wie unsere heutigen Amphibien legten sie ihre Eier ins Wasser.

Urlurch = *Ichthyostega*

3 Missing Link (englisch für fehlende Verbindung) ist eine noch unentdeckte fossile Übergangsform zwischen entwicklungsgeschichtlichen Vor- und Nachfahren

4 Eine Mosaikform, Brückenform, Zwischenform, Übergangsform oder evolutionäres Bindeglied, sind biologische Arten – welche Merkmale von zwei Taxa (Klassen, Ordnungen, Familien, Gattungen, Arten) besitzen.

Quastenflosser – „lebende Fossilien“[5] – Vorfahre der Lurche

Die Quastenflosser lebten vor ca. 380 Mio. Jahren im Erdaltertum (*Devon*, *Karbon*) im Süßwasser und drangen von dort auf das Land vor. Die Gattung des Quastenflossers lässt sich der Klasse der **Fleischflosser** zuordnen. Bis vor wenigen Jahrzehnten wurde angenommen, dass die Quastenflosser bereits vor 100-70 Mio. Jahren (Erdmittelalter, Kreidezeit) ausgestorben seien.

Um so sensationeller war der Fang eines graublauen ca. 1,50 m langen Fisches im Indischen Ozean vor der südafrikanischen Küste im Jahre 1938. Frau Marjorie Courtenay-Latimer erkannte den Fisch als erste als lebendes Fossil – nach seiner Entdeckerin erhielt er den Namen „*Latimeria chalumnae*“. Im Jahre 1952 wurde in den Gewässern um die Inselgruppe Komoren ein zweiter Quastenflosser gefangen.

Wissenschaftler sehen die Quastenflosser als einen Vorfahren der Lurche an. Zu den Lurchmerkmalen gehörten die aus Knochen bestehenden paarigen Bauch- und Brustflossen, die eine kriechende Fortbewegung ermöglichten, sowie die fortschreitende Ausnutzung des Luftsauerstoffs zur Atmung.

Die paarigen Flossen auf der Bauchseite waren quastenähnlich gestielt, besaßen eine von Schuppen bedeckte Haut und waren muskulös. Aufgrund dieser Besonderheit erhielten die Quastenflosser ihren Namen. Auch die zweite Rückenflosse und die Schwanzflosse waren quastenförmig aufgebaut. Mit diesen Quastenflossen konnten sich die Tiere auf dem Gewässergrund und auch auf dem Festland schreitend fortbewegen. So konnten sie zum Beispiel nach dem Austrocknen ihres Lebensraumes zu neuen Gewässern gelangen. Wissenschaftler nehmen an, dass sie als Zwischenform zu Amphibien die Urahnen der ersten Wirbeltiere mit vier Füßen sein könnten.

5 Als lebende Fossilien werden heute existierende Lebewesen bezeichnet, die sich im Laufe der Evolution während einer sehr langen Zeit nur minimal oder sogar gar nicht verändern und daher dieselben Merkmale aufweisen wie Fossilien ihrer Artgenossen.

Evolution und Amphibien

Quastenflosser – Steckbrief

Lateinischer Name	Coelacanthiformes
Klasse	Fische
Lebensraum	Indischer Ozean, Tiefsee, Höhlen, dunkle Meeresgebiete um Ost- bis Südafrika
Futter/Nahrung	kleinere Fische
Schlaf-Wach-Rhythmus	nachtaktiv
Alter	bis 100 Jahre – ab 55 Jahren ausgewachsen
Aussehen	gräuliche bis bläuliche Schuppen
Größe	max. 2 m Körperlänge
Gewicht	bis zu 100 kg schwer
Flossen	2 Rückenflossen, 2 Brustflossen, 2 Bauchflossen, 1 Analflosse, 1 Schwanzflosse
Besonderheiten	- beweglicher Kiefer - Flossen teilweise an bemuskelten Knochen befestigt
Fortpflanzung	ovovivipar[6], die Eier mit dem Durchmesser eines Tennisballs sind auffallend groß
Vom Aussterben bedroht	ja
Natürliche Feinde	Hai
Geschlechtsreife	unbekannt
Sozialverhalten	unbekannt

Aufgabe 1: 

Was versteht man in der Evolution unter dem Begriff Landwirbeltiere (Tetrapoden)?

Aufgabe 2: 

Wie heißt der Fleischflosser, der als Übergangform zwischen Fischen und primitiven Landwirbeltieren bezeichnet wird, und was ist das Besondere an diesem Tier?

Aufgabe 3: 

Auf welchen Urtyp wird die Entwicklung aller Landwirbeltiere zurückgeführt? Beschreibe dieses Tier ausführlicher in deinem Heft/Ordner.

6 Der Begriff *Ovoviviparie* bezeichnet die Entwicklung eines Eies im Mutterleib, aus dem bereits im Mutterleib oder unmittelbar nach der Eiablage ein lebendes Jungtier schlüpft. Das Adjektiv lautet ovovivipar.

KOHL VERLAG AMPHIBIEN Sekundarstufe – Bestell-Nr. 12 932

Axolotl – ein außergewöhnliches Tier unter den Amphibien

Der Name *Axolotl* kommt aus der Sprache der Azteken und bedeutet so viel wie „Wassermonster". Der Axolotl sieht ein bisschen aus wie ein Molch und ein bisschen wie eine zu groß gewordene Kaulquappe. Er hat einen Körper wie ein Molch oder Salamander, einen seitlich abgeflachten Schwanz und ein großes Maul. An den Flanken sind Rippenfurchen deutlich ausgeprägt. An seinem Hals sitzen rechts und links drei äußere Kiemenäste, die wie kleine Bäume aussehen. In seiner natürlichen Umgebung ist er braun bis grau gefärbt und trägt dunkle Flecken, die Bauchseite ist etwas heller. In der Aquaristik wurden viele Farbvarianten gezüchtet, z. B. albinotische.

Der Axolotl, ein mexikanischer Schwanzlurch, lebt die meiste Zeit seines Lebens im Wasser. Ein Tier – irgendwo zwischen Molch, Salamander und Kaulquappe. Er bleibt sein ganzes Leben lang im Larvenstadium, wird aber trotzdem geschlechtsreif (= Neotenie)[7], ohne die bei Amphibien sonst übliche Metamorphose zu durchlaufen. Der Axolotl ist ein Tier, das nie erwachsen wird – es bleibt auf dem Stadium der Dauerlarve stehen. Anders als die übrigen Lurche, die sowohl im Wasser, als auch auf dem Land leben, verbringen Axolotl ihr ganzes Leben im Süßwasser.

Axolotl fressen alle kleinen wirbellosen Tiere, die im Wasser vorkommen. Feinde des Axolotl sind z. B. Raubfische. Der Axolotl kann bis zu 25 cm lang und bis zu 25 Jahre alt werden. Dieser Lurch existiert schon seit rund 350 Mio. Jahren, allerdings nur noch in geringer Zahl. Ursprünglich kommt der Axolotl im Seensystem (Xochimilco-Seen) nahe der mexikanischen Hauptstadt Mexiko-Stadt vor. Ausschließlich hier ist dieser Molch freilebend zu finden. Dieses Gewässer bietet ihm aufgrund der starken Wasserverunreinigungen leider keine Heimat mehr, der Axolotl ist somit unmittelbar vom Aussterben bedroht.

Axolotl bleiben im Larvenstadium, werden aber mit 1-2 Jahren geschlechtsreif. Paarungszeit ist meist im Frühjahr. Das Männchen setzt ein Samenpaket im Wasser ab, das Weibchen nimmt den Samen auf und so werden die Eier im Körper befruchtet. Das Weibchen sucht dann einen geeigneten Platz für die Eiablage, 300-1100 Eier. Nach 14-21 Tagen schlüpfen die jungen Axolotl, sie sind nur sieben Millimeter lang. Später entwickeln sich zuerst die Vorderbeine, etwa zwei Wochen später die Hinterbeine. Nach rund 20 Monaten sind sie ausgewachsen.

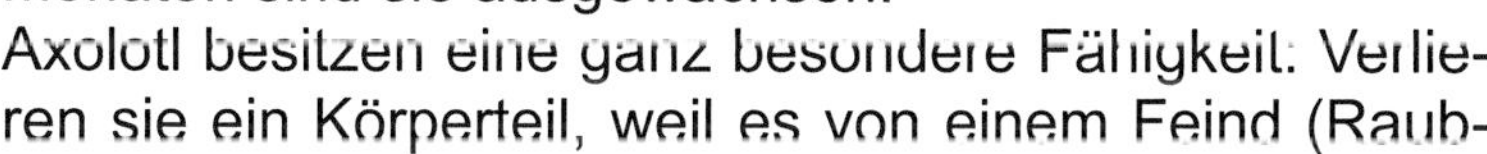

Axolotl besitzen eine ganz besondere Fähigkeit: Verlieren sie ein Körperteil, weil es von einem Feind (Raubfisch) abgebissen wurde, können sie es in wenigen Monaten komplett und ohne Narben wieder neu bilden (wächst nach). Axolotl können sogar ganze Organe wie etwa das Herz ersetzen, wenn diese verletzt werden. Warum der Axolotl ganze Gliedmaßen komplett mit Knochen, Muskeln und Nerven nachwachsen lassen kann, weiß niemand. Forscher versuchen nun dieses Geheimnis zu erforschen, um vielleicht in der Zukunft auch Menschen helfen zu können, die Körperteile verloren haben oder neue Organe benötigen. Die komplette Erbinformation des Axolotl besteht aus 32 Milliarden Basenpaaren und ist damit mehr als zehnmal so groß wie das menschliche Genom[8]. Das Erbgut dieses Lurchs ist somit auch das größte Genom, das bisher entziffert wurde.

7 Neotenie – die Vorverlegung der Geschlechtsreife in ein Larven- oder Jugendstadium, wobei die Entwicklung des Tieres, nicht jedoch sein Wachstum, hinter der Reifung seiner Fortpflanzungsorgane zurückbleibt.

8 Unter einem Genom versteht man die Gesamtheit aller Erbinformationen einer Zelle.

4 Evolution und Amphibien

Aufgabe 4: 

Löse das Kreuzworträtsel. Lösungswort: __ __ __ __ __ __ __ __ __ __
1 2 3 4 5 6 7 8 9 10

a) Das bedeutet sein Name aus der Sprache der Azteken.
b) Er sieht ähnlich aus wie ein …
c) Der Quastenflosser hat insgesamt … Flossen.
d) Er kann maximal … Jahre alt und genauso viele kg schwer werden.
e) Dieses Tier ist sein natürlicher Feind.
f) Wegen seiner … kann er sich sogar etwas an Land fortbewegen.
g) Was bedeutet das griech. Wort *ichthys*?
h) Der Schädel von Tiktaalik sieht aus wie der von einem …
i) Wie lautet der wissenschaftliche Name für die Landwirbeltiere?
j) In der Epoche „Devon“ kam es zum … der Wirbeltiere.
k) Das geschah vor über … Mio. Jahren.
l) Axolotl hat ein mehr als … so großes Erbgut wie der Mensch.
m) Bei Verletzungen kann er komplette Gliedmaßen und … nachwachsen lassen.
n) Das durchläuft der Axolotl nicht im Gegensatz zu anderen Amphibien.
o) Er kommt freilebend nur in einem … nahe bei Mexiko-Stadt vor.
p) Zweiter Teil des Namens der Frau, die zuerst den gefundenen Fisch als „identisch“ mit dem bisher nur als ausgestorbenes Fossil bekannten Quastenflosser erkannte.
q) Daraus bildete sich während der Evolution später ein Bein.
r) Man kann sie bei Amphibien-Larven und beim erwachsenen Axolotl sehen.
s) anderes Wort für Erbgut von Lebewesen.

ä = AE
ö = OE
ü = UE

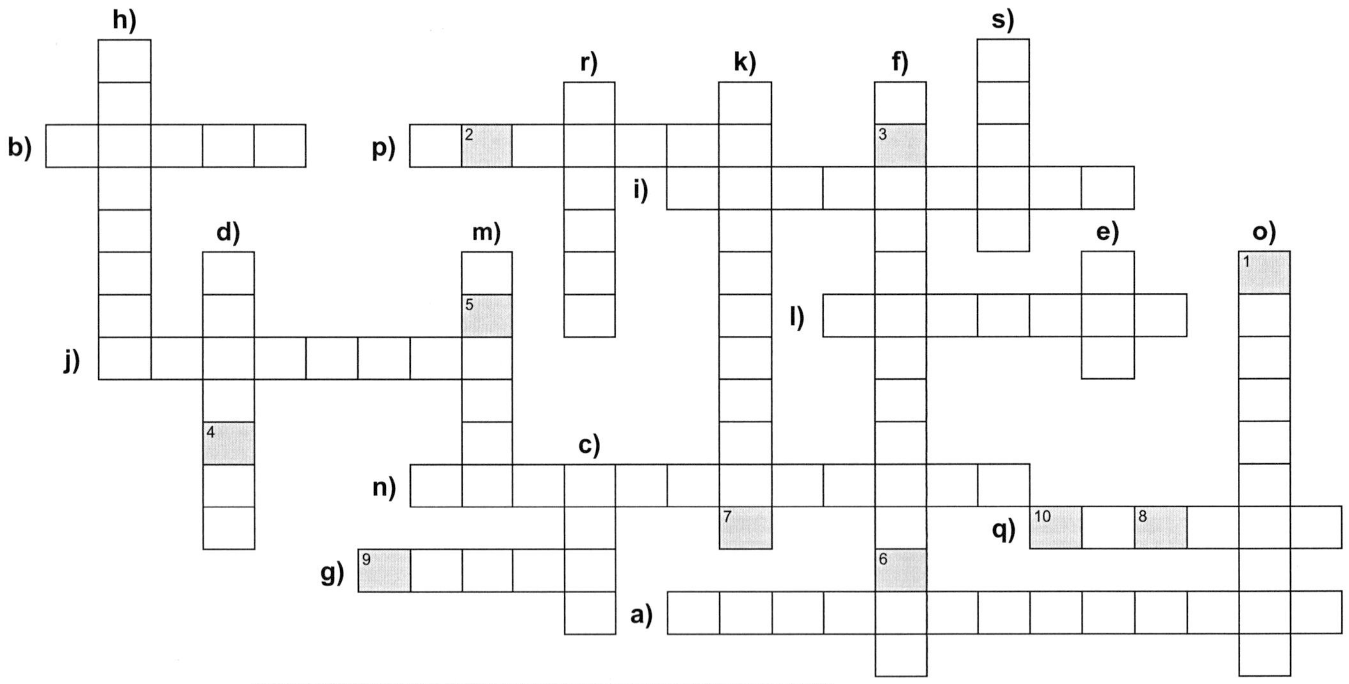

5 Was sind Amphibien?

Amphibien (*Amphibia*) oder auch **Lurche** sind eine Klasse der Wirbeltiere, d. h. es sind Tiere, die eine Wirbelsäule haben, wie Säugetiere, Vögel, Reptilien und Fische. In der deutschen Sprache nennt man sie auch Lurche. Frösche, Molche und Salamander sind die bekanntesten Amphibien.

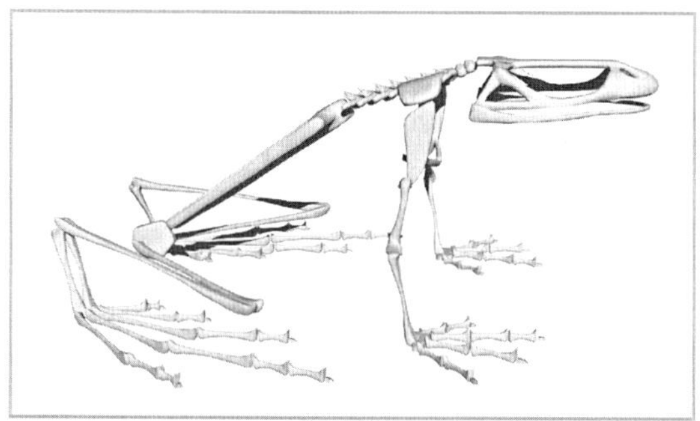

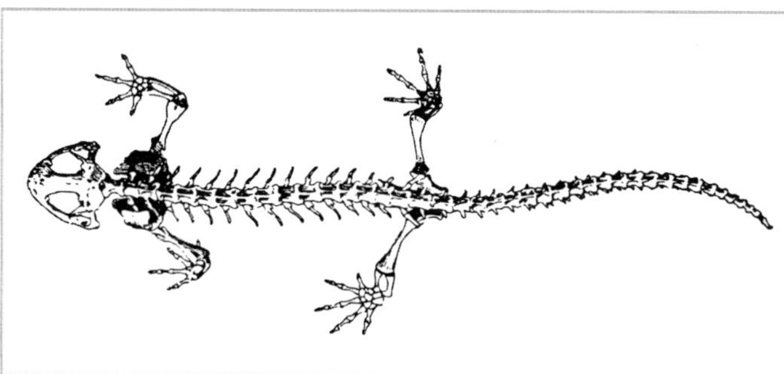

Amphibien oder Lurche sind die **stammesgeschichtlich älteste Klasse der Landwirbeltiere** (*Tetrapoda*). Das Wort „Amphibie“ stammt vom griech. „*amphibios*“, das man mit „doppellebig“ übersetzen kann, da sich ihr Leben im Wasser und auf dem Lande abspielt.

Gliedmaßen

Amphibien haben 4 Gliedmaßen. An ihren Füßen haben sie wie wir Menschen 5 Zehen, ihre Hände bestehen dagegen **nur aus 4 Fingern**.

Wechselwarme Tiere

Amphibien sind wechselwarme Tiere. Das heißt, dass sie ihre Körpertemperatur ständig verändern, um sie an die Temperatur ihrer Umwelt anzupassen.

Frösche jagen mit der Zunge

Amphibien ernähren sich vor allem von Insekten, Würmern und Schnecken. Frösche jagen mit der Zunge, sie ist elastisch, klebrig und beschleunigt rasant. Wenn ein Frosch auf Beutejagd ist, liegt er oft einfach nur still am Ufer oder hockt im seichten Wasser. Die Augen werden groß, der Frosch zielt und schon schnellt die Zunge auf das Insekt zu, die Beute klebt an der Zunge fest und wird danach komplett verschluckt. Die Zunge kann 6-mal so lang werden wie der gesamte Frosch. Im Maul wird die Zunge platzsparend wie eine Ziehharmonika zusammengefaltet.

Haut

Die Haut der Amphibien ist sehr dünn, nackt und **feucht**. Die Haut von Fröschen und Salamandern ist glatt, bei Unken und Kröten ist sie faltig und warzig. Die Lurche trinken nicht, sondern nehmen Wasser durch ihre dünne Haut auf, die ständig feucht sein muss. Dadurch spielt sich ihr Leben in der Nähe von Gewässern ab.

Atmung

Als Larven atmen sie über **Kiemen**, später dann über einfache **Lungen**. Außerdem können sie auch über ihre Haut atmen.

KOHL VERLAG AMPHIBIEN Sekundarstufe – Bestell-Nr. 12 932

5 Was sind Amphibien?

Laich

Amphibien legen ihren Laich im Wasser ab und ihre Larven (**Kaulquappen**) entwickeln sich im Wasser. Diese atmen wie Fische durch Kiemen. Wenn sie älter werden, gehen sie an Land (Landgang) und leben dann an Land und im Wasser. Sie atmen dann wie wir Menschen durch Lungen.

Grasfrosch mit Laich

Kaulquappen

Metamorphose

Amphibien verbringen ihre Kindheit im Wasser, machen dann in ihrer Jugend eine große Entwicklung durch, um im Erwachsenenalter ihr Leben hauptsächlich an Land zu führen. Aufgrund dieser Eigenschaften haben sie den wissenschaftlichen Namen *Amphibia* erhalten.

Grasfrosch in der Metamorphose

Die Entwicklung von der Larve zum erwachsenen Tier nennt man Metamorphose.
Dabei finden teilweise starke Veränderungen in der Lebensweise und Physiologie des Tieres statt. Im Laufe ihrer Entwicklung bilden sich eine Lunge sowie Gliedmaßen, während sich die Kiemen und der Schwanz zurückbilden. Ab diesem Zeitpunkt wechseln die Frösche ihren Lebensraum und leben hauptsächlich an Land.

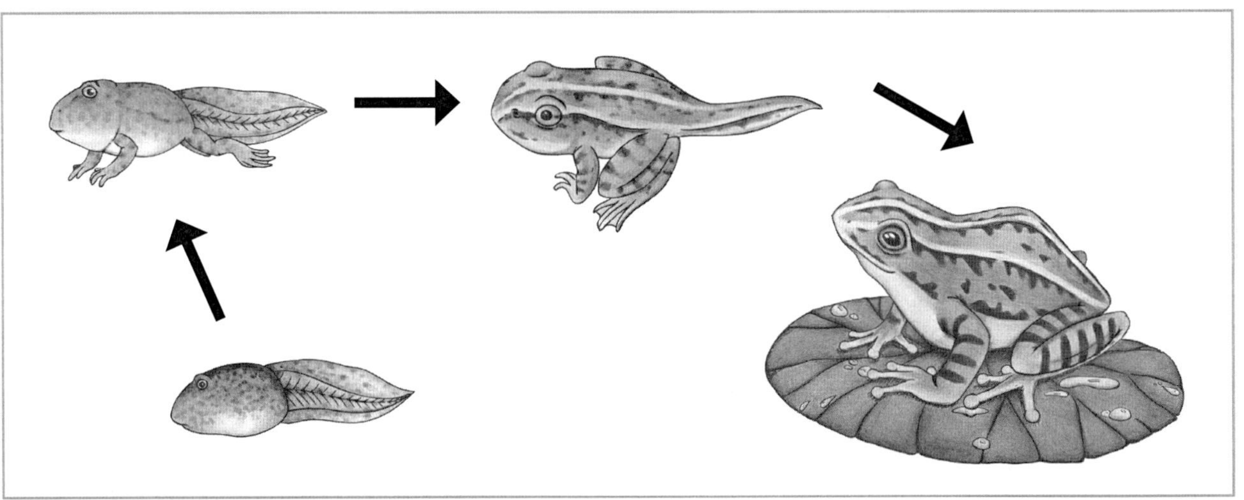

AMPHIBIEN Sekundarstufe – Bestell-Nr. 12 932
KOHL VERLAG

5 Was sind Amphibien?

Die heute lebenden Amphibien werden in drei verschiedene Arten eingeteilt:

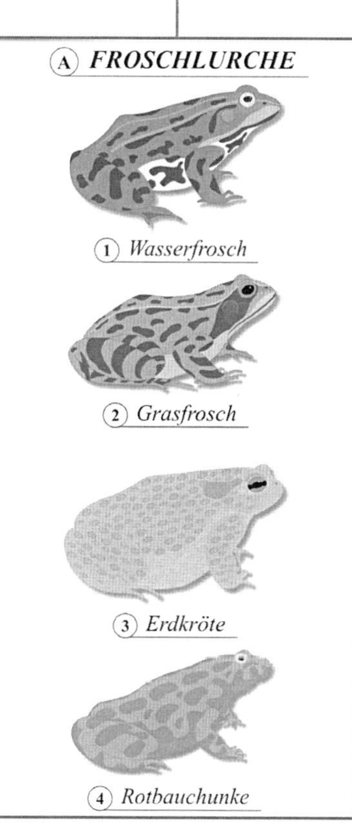

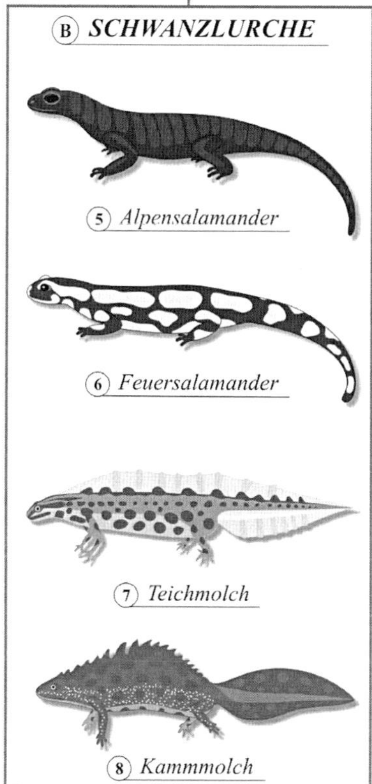

(A) Froschlurche
Zu den Froschlurchen zählen alle Frosch- und Krötenarten. Die Jungtiere = Kaulquappen besitzen alle einen Schwanz, der sich während der Metamorphose zurückbildet.

(B) Schwanzlurche
Schwanzlurche sind den meisten Schülern unter den Namen Molche oder Salamander bekannt. Diese Tiere haben einen länglichen Körperbau und einen Schwanz, den sie ihr gesamtes Leben lang behalten.

(C) Schleichenlurche
Schleichenlurche werden auch als Blindwühlen bezeichnet und sind den meisten Schülern nicht bekannt. Schleichenlurche kommen in den Tropen und Subtropen Südostasiens, Afrikas sowie Mittel- und Südamerikas vor. Kleine Schleichenlurche (10 cm Länge) können leicht mit Regenwürmern verwechselt werden, größere Arten erscheinen schlangenartig.

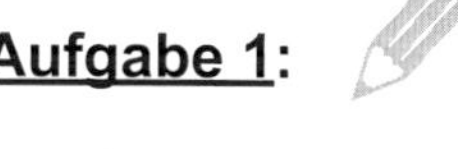

Aufgabe 1:

Woher kommt das Wort „Amphibien" und welche Bedeutung hat es?

____

____

____

Aufgabe 2:

Warum sind Gewässer für Amphibien so wichtig?

____

____

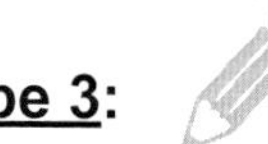

Aufgabe 3:

Was versteht man unter dem Begriff „Metamorphose"?

____

____

____

KOHL VERLAG – AMPHIBIEN Sekundarstufe – Bestell-Nr. 12 932

6 Amphibien sind Wirbeltiere

Was sind Wirbeltiere eigentlich?
Das gemeinsame Kennzeichen aller Wirbeltiere ist das knöcherne Skelett mit der Wirbelsäule. Der Körper der Wirbeltiere gliedert sich meist in Kopf, Rumpf, Schwanz und Gliedmaßen.

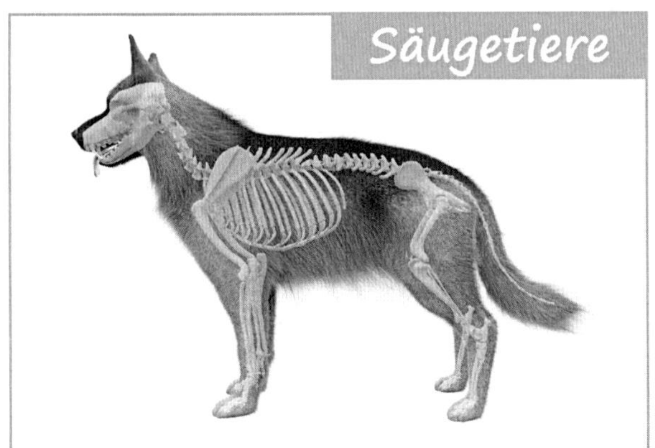

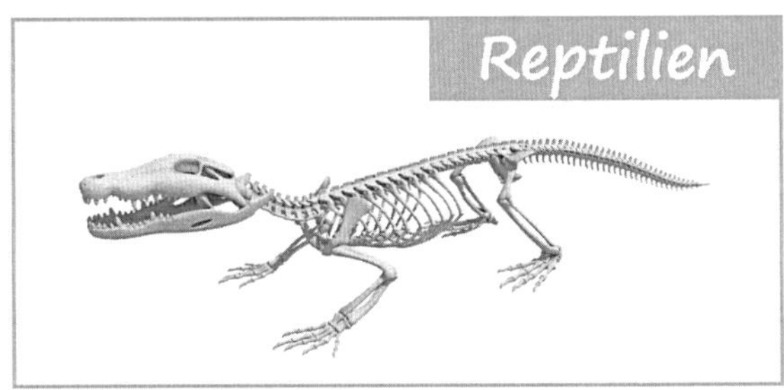

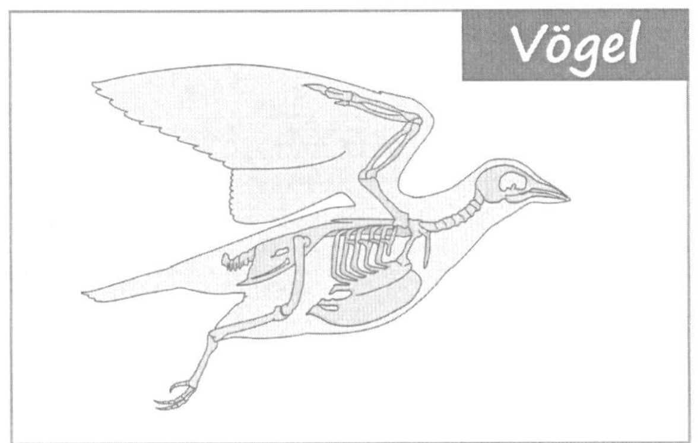

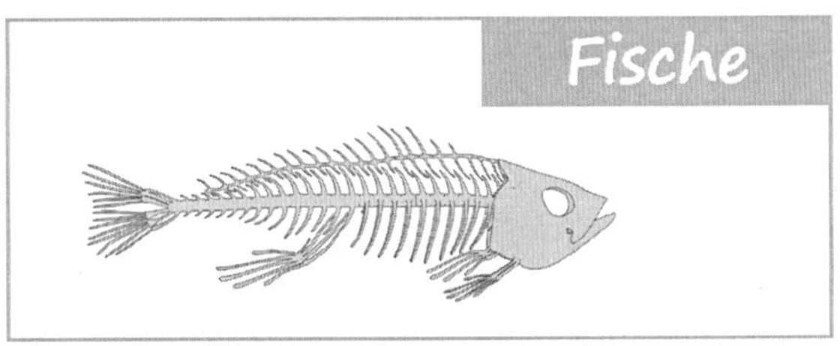

Obwohl die Tiere der Wirbeltierklassen sehr unterschiedlich aussehen, weisen sie weitere gemeinsame Merkmale auf, z. B.:

- Wirbeltiere pflanzen sich durch Eier fort oder gebären lebende Junge.
- Die Atmung erfolgt mithilfe von Kiemen oder Lungen.
- Das geschlossene Blutgefäßsystem wird durch ein Herz angetrieben.
- Das Zentralnervensystem besteht aus Gehirn und Rückenmark.

Zu den Wirbeltieren zählen alle Tiere, die eine Wirbelsäule aus einzelnen Wirbeln besitzen. Die Wirbelsäule ist ein Teil des Innenskeletts aus Knochen.

Wirbeltiere leben im Wasser, auf dem Land und in der Luft.

Man unterscheidet folgende **5 Wirbeltierklassen**:

5 Wirbeltierklassen				
Amphibien (= Lurche)	**Fische**	**Reptilien** (= Kriechtiere)	**Säugetiere**	**Vögel**
- Froschlurche - Schwanzlurche - Schleichenlurche (= Blindwühlen)	älteste und artenreichste Gruppe	Echsen, Schlangen, Schildkröten, Krokodile	bringen lebende Junge zur Welt	Sing-, Hühner-, Greif-, Enten-, Sperlings- und Eulenvögel

Froschlurche: Frösche, Kröten und Unken
Schwanzlurche: Salamander und Molche

AMPHIBIEN Sekundarstufe – Bestell-Nr. 12 932
KOHL VERLAG

6 Amphibien sind Wirbeltiere

Fünf Wirbeltierklassen im Vergleich

Ein Wirbeltier ist ein Tier mit einem Rückgrat oder einer Wirbelsäule. Wirbeltiere unterscheiden sich deutlich an ihren Merkmalen, z. B. im Körperbau und in ihrer Lebensweise, aber sie haben auch einige Gemeinsamkeiten. Die folgende tabellarische Übersicht soll das veranschaulichen, wobei natürlich die Amphibien als kriechende bzw. hüpfende/springende Wirbeltiere besonders beachtet werden.

	Amphibien	Fische	Reptilien	Säugetiere	Vögel
Lebensraum	Land + Wasser	Wasser	Land	Land + Luft + Wasser	Land + Luft + Wasser
Gliedmaßen	4 Beine, vorn 4 Finger, hinten 5 Zehen	Flossen	4 Beine mit je 5 Zehen	2 Arme + 2 Beine oder 4 Beine	2 Flügel + 2 Beine
Atmung	bei Larven Kiemen, bei erwachsenem Tier Lunge	Kiemen	Lunge	Lunge	Lunge
Körper-bedeckung	schleimig, feucht mit Drüsen	Schuppen, schleimig	Hornschuppen, trocken	Haare	Federn
Körper-temperatur	wechselwarm	wechselwarm	wechselwarm	gleichwarm	gleichwarm
Fort-pflanzung	Eier bzw. Laich	Eier Ausnahmen: lebend gebärend	Eier Ausnahmen: lebend gebärend	lebend gebärend	Eier

Amphibien sind kriechende bzw. hüpfende/springende Wirbeltiere

Alle Amphibien sind Wirbeltiere. Frösche z. B. haben eine Wirbelsäule und ein komplexes Skelettsystem wie die anderen Wirbeltiere auch. Das Skelett eines Froschs besteht aus dem Schädel, dem daran anschließenden Schultergürtel, der Wirbelsäule (mit 9 Wirbeln) und dem schmalen Beckengürtel. Die Rippen sind kurz, am Schultergürtel setzen die Knochen der vorderen Gliedmaßen, am Beckengürtel die der hinteren Gliedmaßen an.

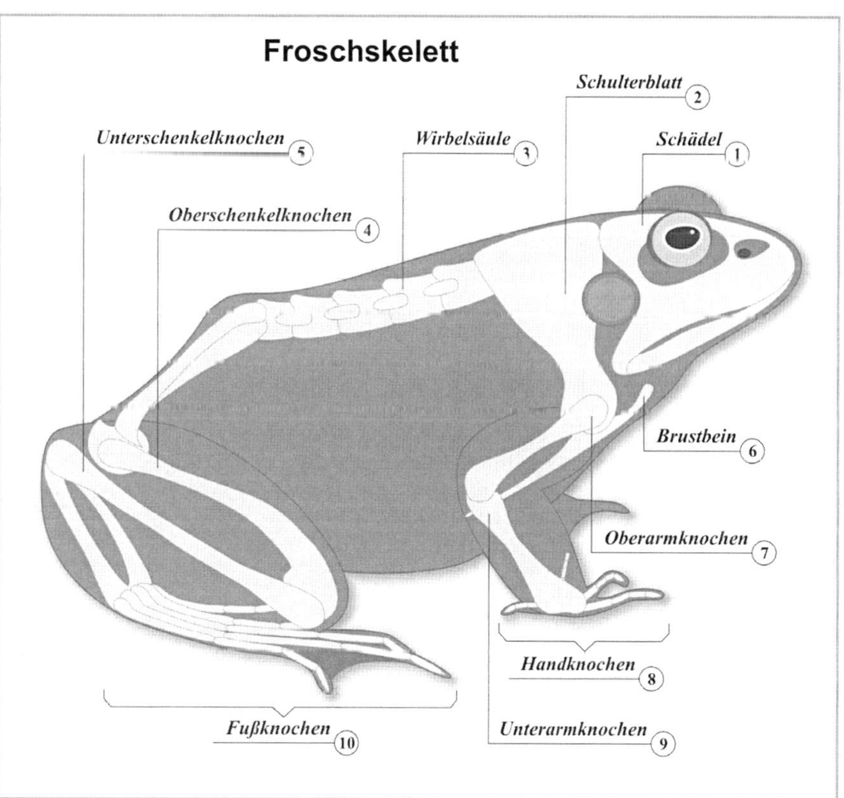

Während Froschlurche sich meistens hüpfend oder springend fortbewegen, bewegen sich Schwanzlurche schreitend oder kriechend vorwärts. Im Wasser bewegen sich Frösche mit Hilfe ihrer langen und kräftigen Hinterbeine, Schwanzlurche schwimmen und tauchen schlängelnd mit Hilfe ihres Ruderschwanzes.

AMPHIBIEN Sekundarstufe – Bestel -Nr. 12 932
KOHL VERLAG

6 Amphibien sind Wirbeltiere

Der Grasfrosch ist mit einer Gesamtlänge von 7-11 cm und einem Gewicht von 80-100 g der bekannteste und kräftigste mitteleuropäische Braunfrosch. Er hat einen breiten Kopf und eine kurze, stumpfe Schnauze. Die Oberseite ist häufig variabel gefärbt. Die Unterseite ist beim Männchen oft grau, beim Weibchen meistens gelblich-rötlich-bräunlich gefleckt.
Von Ende Februar bis Mitte April ist die Paarungszeit. Die Männchen besitzen zur Fortpflanzungszeit dunkelbraun bis schwarz pigmentierte Daumenschwielen und vor allem ihr Kehlenbereich kann sich leicht bläulich färben.
Der Grasfrosch ist sehr anpassungsfähig und nutzt zur Eiablage die flachen Bereiche verschiedener Gewässer – z. B. Tümpel, Teiche, Altarme von Bächen, Weiher, Gräben, Pfützen etc. Der Laich wird als Ballen zwischen Wasserpflanzen abgesetzt und enthält bis zu 4000 Eier. Innerhalb von 2 Wochen schlüpfen die Kaulquappen und entwickeln sich bis Mitte/Ende Juli zu fertigen Jungfröschen.

Aufgabe 1: 

Erläutere: „Amphibien sind kriechende bzw. hüpfende Wirbeltiere.“

____

____

____

Aufgabe 2: 

Beschreibe die Amphibien und ihre Besonderheiten in Bezug auf Lebensraum – Gliedmaßen – Atmung – Körperbedeckung – Fortpflanzung. Schreibe in dein Heft / deinen Ordner.

Aufgabe 3: 

Beschrifte das Skelett eines Frosches.

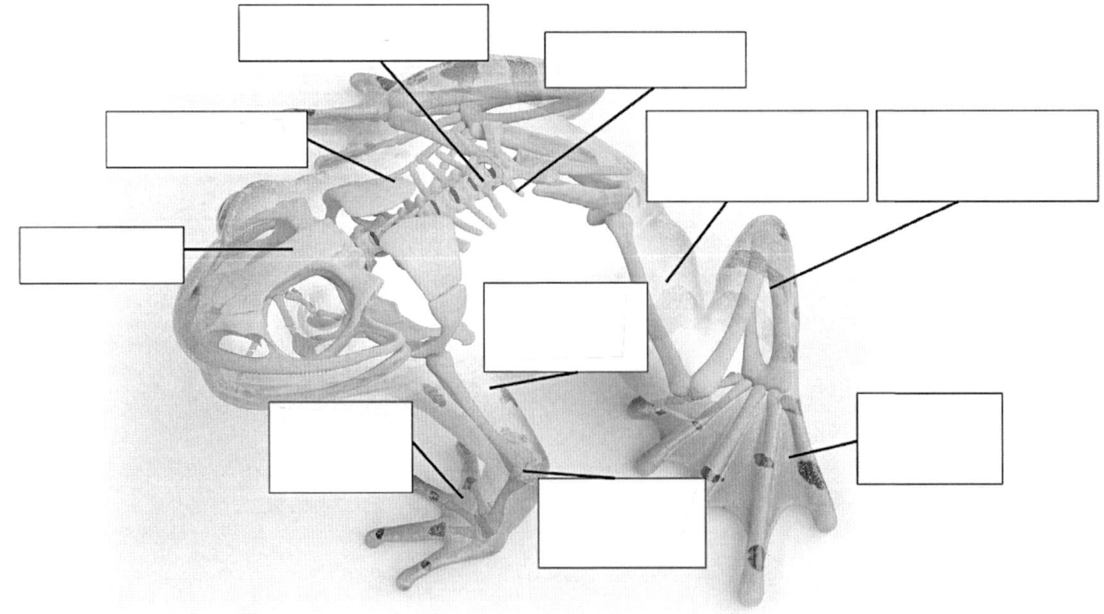

KOHL VERLAG AMPHIBIEN Sekundarstufe – Bestell-Nr. 12 932

7 Amphibien – Merkmale und Besonderheiten

- Bei den Amphibien spielt sich das Leben im Wasser und auf dem Lande ab.
- Amphibien (= Lurche) gelten als das älteste Taxon der landlebenden Wirbeltiere. Sie waren die ersten Vierfüßer.
- Im Jahr 2023 zählte man (amphibiaweb.org) insgesamt mehr als 8653 Arten.
- **Nur die Frosch- und Schwanzlurche sind bei uns mit 21 Arten heimisch**. Schleichenlurche sind bei uns nicht heimisch.

Man unterscheidet drei grundlegende Arten von Lurchen:

(A) Froschlurche (*Anura*)

– alle Frösche, Kröten und Unken –
Als Jungtiere (Kaulquappen) haben sie einen Schwanz, der sich während der Metamorphose zurückbildet.

(B) Schwanzlurche (*Caudata*)

– Salamander und Molche –
Diese Tiere haben einen länglichen Körperbau und einen Schwanz, den sie ihr ganzes Leben lang behalten.

(C) Schleichenlurche (*Apoda*)

(= Blindwühlen)
Sie erinnern äußerlich an Schlangen, da sie keine Gliedmaßen besitzen und sich schleichend vorwärts bewegen.

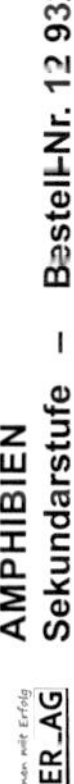

7 Amphibien – Merkmale und Besonderheiten

Typische Merkmale der Amphibien

Amphibien (Lurche) besitzen typische Kennzeichen und Merkmale. Zum besseren Verständnis werden die genannten Begriffe hier noch einmal erläutert:

Lebensraum
Amphibien können sowohl im Wasser als auch an Land leben. Entscheidend dabei ist immer das Entwicklungsstadium.

Körper
Der Körper der Lurche ist in Kopf, Rumpf und 2 Paar Gliedmaßen gegliedert.

Extremitäten
Amphibien verfügen über insgesamt 4 Gliedmaßen (2 Vorderbeine mit je 4 Fingern und 2 Hinterbeine mit je 5 Fingern).

Sinne
Fast alle Amphibien verfügen über einen guten Sehsinn. Besonders stark reagieren sie auf Bewegungsreize.

Skelett
Das Skelett besteht aus dem Schädel, dem sich daran anschließenden Schultergürtel, der Wirbelsäule und dem schmalen Beckengürtel. Die Rippen sind kurz, am Schultergürtel setzen die Knochen der vorderen Gliedmaßen an, am Beckengürtel die der hinteren Gliedmaßen (siehe Kapitel 6).

Fortbewegung
- **Frösche** bewegen sich auf dem Land mithilfe der hinteren Sprungbeine springend. Die Zehen sind durch Schwimmhäute verbunden. Im Wasser sind sie geschickte Schwimmer, indem sie mit den Hinterbeinen kräftige Stöße ausführen.
- **Molche** schreiten auf dem Land mit ihren etwa gleich großen Vorder- und Hinterbeinen voran. Im Wasser bewegen sie sich mithilfe des Ruderschwanzes schlängelnd vorwärts.

Körpertemperatur
Lurche können ihre Körpertemperatur nicht selbst regulieren. Ihre Körpertemperatur richtet sich genau nach der Umgebungstemperatur. Im Sommer, bei höheren Temperaturen, sind Lurche wärmer,
aktiver und bewegen sich schneller. Im Winter dagegen sind sie kälter, damit träger und fallen in eine Winterstarre. Die Abhängigkeit der Körperfunktionen von der Umgebungstemperatur nennt man wechselwarm (= **poikilotherm**).

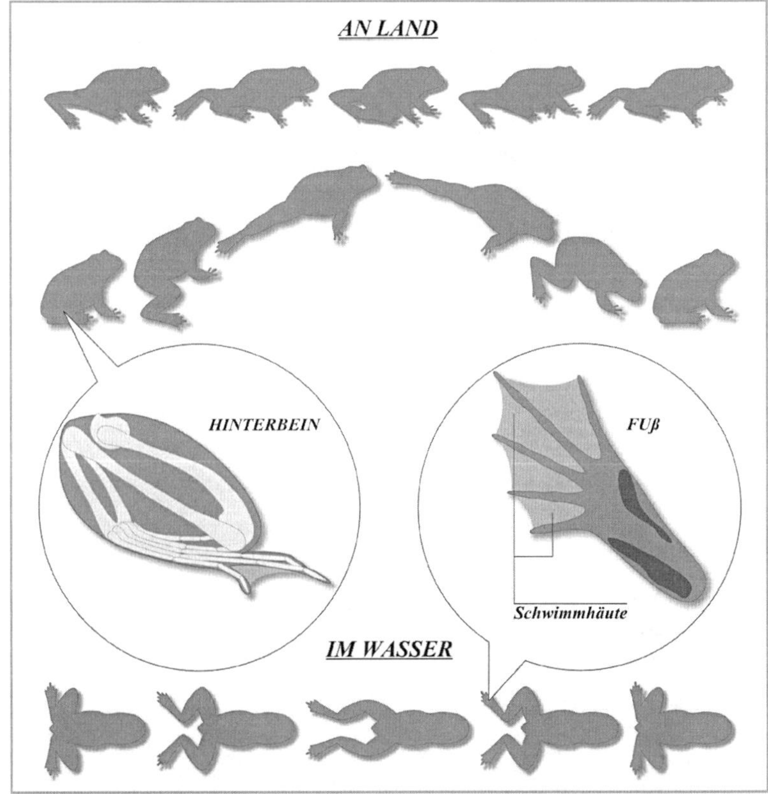

AMPHIBIEN Sekundarstufe – Bestell-Nr. 12 932
KOHL VERLAG

7 Amphibien – Merkmale und Besonderheiten

Kiemen

Wenn junge Amphibien schlüpfen, haben sie noch Kiemen, um im Wasser zu überleben. Im Lauf der Metamorphose bilden sich diese zurück, um Platz für die entstehende Lunge zu machen.

Atmung

Da Lurche sowohl im Wasser und auch an Land Sauerstoff benötigen, brauchen sie mehrere Möglichkeiten zum Atmen. Als Larve erfolgt die Atmung über die Kiemen, später im Erwachsenenstadium über die Lunge.
Ein Frosch kann lange Zeit unter Wasser bleiben. Nach ca. 6-8 Minuten muss er auftauchen und wieder frische Luft einatmen. Damit die Atemluft mit dem lebensnotwendigen Sauerstoff bis in die Lunge kommt, wird die Luft durch die Nasenöffnungen aufgenommen und durch schnelle Bewegungen der Kehlhaut zur Lunge befördert. Das lässt sich bei Fröschen gut beobachten, weil sich der breite Hals dabei stark hebt und senkt.
Lurche sind aber auch in der Lage, über die dünne, feuchte Haut zu atmen. Sie haben eine zusätzliche Hautatmung, sind also Hautatmer. Das ist besonders wichtig, weil viele Lurche am Grunde eines Gewässers überwintern und deshalb Sauerstoff aus dem Wasser aufnehmen müssen.

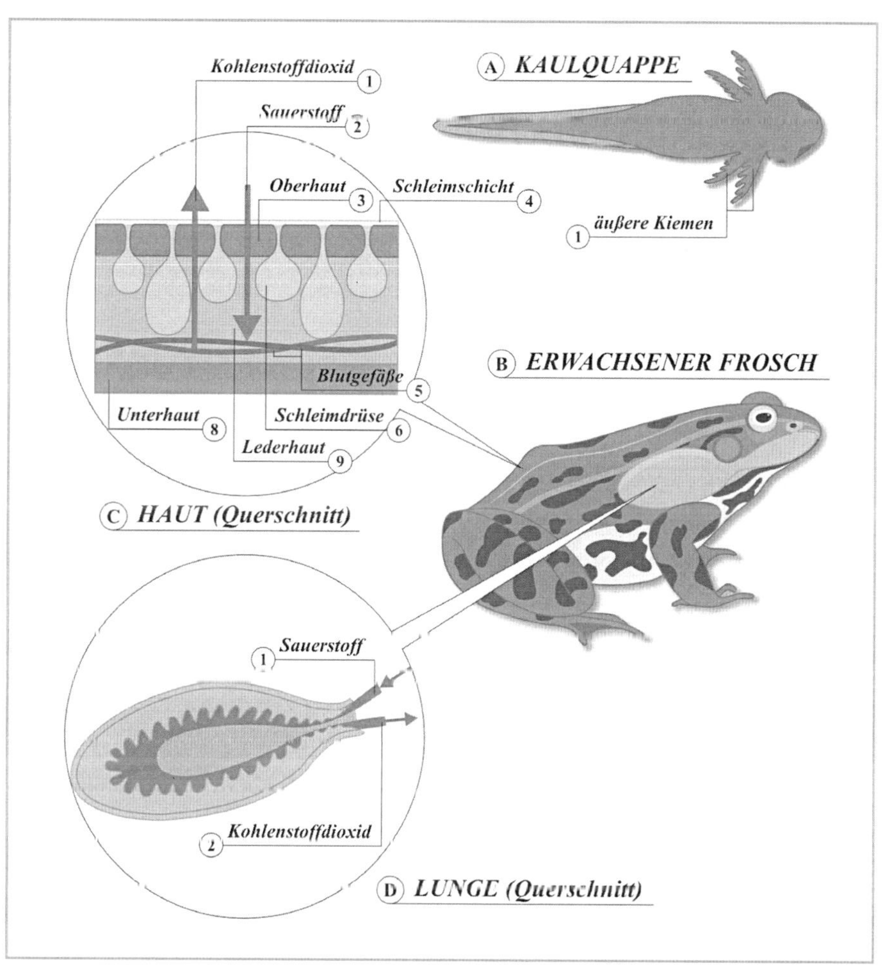

Haut

Die Haut ist nackt und dünn. Über Schleimdrüsen befeuchten Amphibien ihre Haut. Einige Kröten, Salamander, Molche und Frösche besitzen Giftdrüsen, deren Sekrete einen Schutz gegen Feinde bilden. Frösche, Kröten, Molche und Salamander sind sogenannte Feuchtlufttiere.

Amphibien müssen nicht trinken. Ihre lebenswichtige Wasseraufnahme erfolgt durch die Haut.

AMPHIBIEN Sekundarstufe – Bestell-Nr. 12 932

7 Amphibien – Merkmale und Besonderheiten

Die **Kloake** (lat. *cloaca* = Abzugskanal) ist ein bei vielen Lebewesen vorhandener gemeinsamer Körperausgang für die Verdauungs-, Geschlechts- und Exkretionsorgane. Amphibien besitzen nur einen einzigen Ausgang (= Kloake) für Harnröhre und Anus.

In der Regel machen alle Amphibien im Laufe ihres Lebens eine sogenannte **Metamorphose** – von der Larve zum erwachsenen Tier – durch, d. h. ihre Gestalt verändert sich. Die meisten Amphibienarten werden vom im Wasser lebenden Tier zum auf dem Land lebenden Tier.

Metamorphose am Beispiel „Frosch"
Aus dem befruchteten Laich entwickeln sich zunächst Kaulquappen (Larven). Im Laufe der Wochen wächst die Kaulquappe und verwandelt sich in mehreren Schritten zu einem Frosch. Mit Abschluss der Metamorphose ist aus der Kaulquappe (Larve) ein ausgewachsenes Tier geworden. Mit der abgeschlossenen Metamorphose wechseln viele Amphibien auch den Lebensraum.

- Kaulquappen sind reine Wasserbewohner mit Kiemenatmung.
- Frösche atmen über ihre Lungen, die sich während der Metamorphose entwickeln.

Fortpflanzung

Frösche begeben sich zur Fortpflanzung ins Wasser. Dort legen sie ihre Eier (= Laich) ab. Nach einiger Zeit kann man beobachten, wie aus Froscheiern Kaulquappen schlüpfen. Die meisten Amphibienarten produzieren eine riesige Menge an Laich, wovon in der Regel nur ein kleiner Teil eine erfolgreiche Entwicklung erlebt, weil der Laich und auch die Larven zahlreiche Fressfeinde haben. Feuersalamander setzen Larven ins Wasser ab, Molche kleben ihre Eier einzeln in zusammengefaltete Blätter von Unterwasserpflanzen.

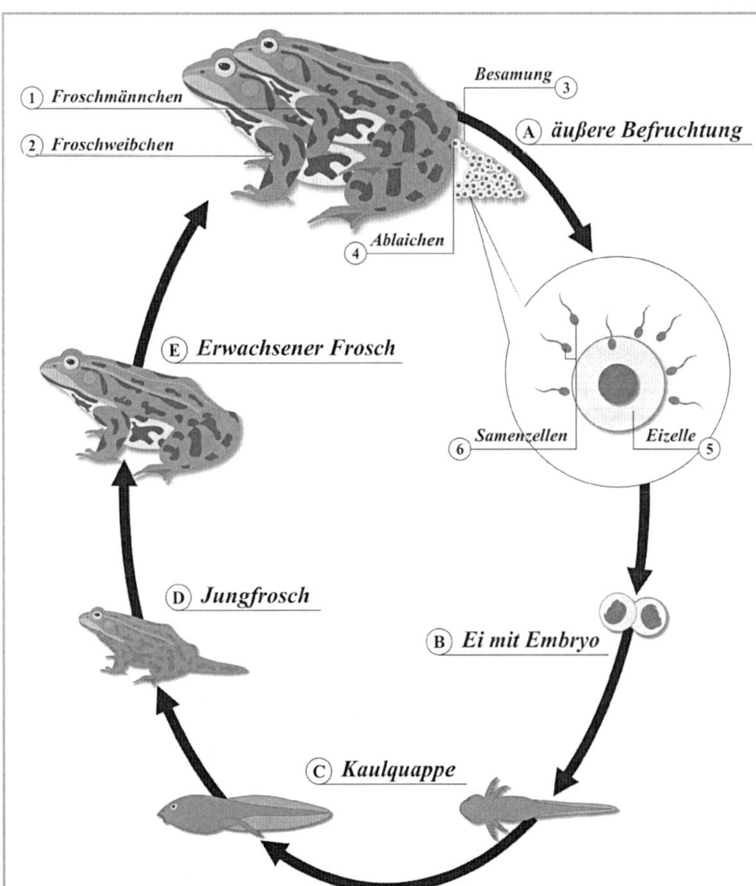

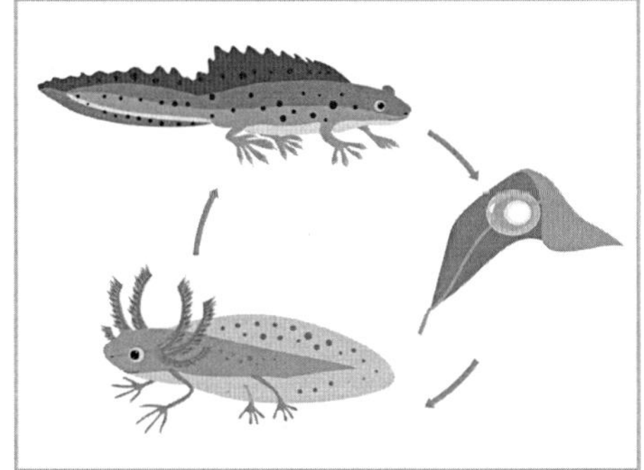

AMPHIBIEN Sekundarstufe – Bestell-Nr. 12 932
KOHL VERLAG

7 Amphibien – Merkmale und Besonderheiten

Nahrung

Zunächst ernähren sich die kleinen Larven vom Dottervorrat. Erst danach schwimmen sie frei umher und ernähren sich hauptsächlich von Algen, die sie von Pflanzen abweiden. Erwachsene Amphibien ernähren sie sich vor allem von Insekten, Würmern und Schnecken.

Wenn ein Frosch auf Beutejagd ist, liegt er oft einfach nur still am Ufer oder hockt im seichten Wasser. Plötzlich werden die Augen groß, der Frosch zielt und schon schnellt die Zunge auf das Insekt zu, die Beute klebt an der Zunge fest und wird danach komplett verschluckt. Die Zunge kann 6-mal so lang werden wie der gesamte Frosch. Im Maul wird die Zunge platzsparend wie eine Ziehharmonika zusammengefaltet.

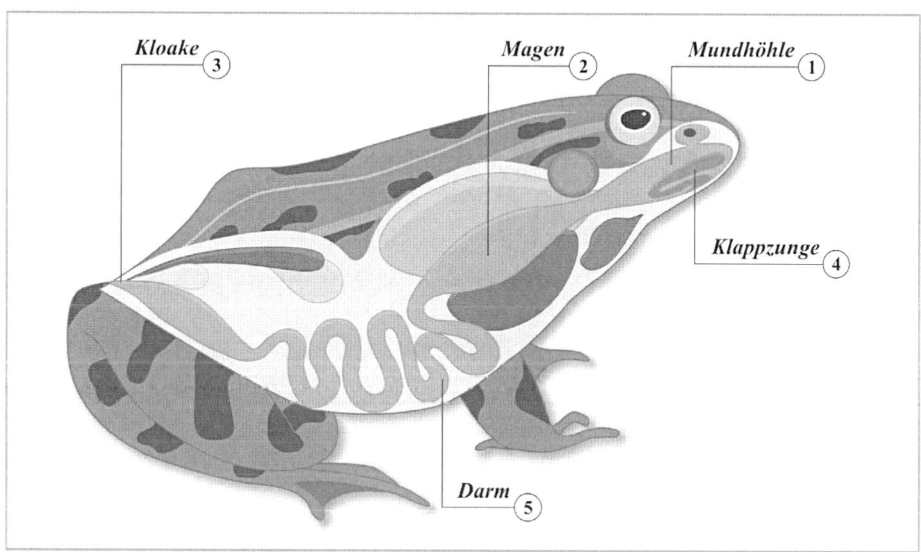

Aufgabe 1: 

Erläutere den äußeren Unterschied zwischen Frosch- und Schwanzlurchen.

____

____

Aufgabe 2: 

Lurche sind wechselwarme Tiere. Was heißt das

____

____

____

Aufgabe 3: 

Wie bewegen sich Frosch- und Schwanzlurche fort?

____

____

____

AMPHIBIEN Sekundarstufe – Bestell-Nr. 12 932
KOHL VERLAG

8 Unsere heimischen Amphibien

Froschlurche und Schwanzlurche

Weltweit gibt es etwa 6000 Amphibienarten. Froschlurche leben auf allen Kontinenten, außer in der Antarktis und in einigen Regionen, in denen es zu kalt ist. In Deutschland sind nur die Froschlurche (Frösche, Kröten, Unken) und Schwanzlurche (Salamander, Molche) heimisch. In Deutschland gibt es – je nach Zählweise – 20 oder 21 Amphibienarten.

Frösche und Kröten

Bei uns in Deutschland gibt es 14 verschiedene Froschlurcharten:
Erdkröte, Geburtshelferkröte, Knoblauchkröte, Kreuzkröte, Wechselkröte, Gelbbauchunke, Rotbauchunke, Laubfrosch, Grasfrosch, Springfrosch, Moorfrosch, Kleiner Wasserfrosch, Seefrosch, Teichfrosch.

Besonderheiten und Merkmale

- Frösche bewegen sich mit ihren deutlich längeren Hinterbeinen gegenüber den Vorderbeinen meist hüpfend vorwärts.
- Sie besitzen während ihrer Larvenzeit im Wasser (Kaulquappen) einen Schwanz, der sich bei der Entwicklung zum Landtier zurückbildet.
- Die Kaulquappen ernähren sich im Gegensatz zu den erwachsenen Fröschen von Algen und Pflanzenteilen.
- Bei Froschlurchen findet die Besamung der Eier äußerlich statt.

Unterschied zwischen Frosch und Kröte

Der Körperbau von Kröten ist plumper als der von Fröschen. Ihre Hinterbeine sind nicht wesentlich länger als ihre Vorderbeine, deshalb laufen sie und springen nicht. Kröten sind Landtiere, die das Gewässer nur zur Eiablage aufsuchen.

Die Erdkröte

Erdkröten haben einen gedrungenen Körperbau mit einem breiten, kantigen Kopf. Die Färbung der Erdkröte variiert zwischen braun und grau bis hin zu oliv oder rot. An der Körperoberseite ist die raue Haut mit vielen runden Warzen besetzt. Die Erdkröte hat sehr schöne Augen mit einer waagerechten Pupille, die sich deutlich von der dunkelgelben bis rotgoldenen Iris absetzt.

Die Erdkröte ist die größte einheimische Krötenart. Männchen wiegen durchschnittlich 35 g, Weibchen sind deutlich schwerer und wiegen durchschnittlich um 100 Gramm. Ausgewachsene Weibchen erreichen eine Kopf-Rumpf-Länge von12 cm (maximal sogar bis 16,5 cm).

Verbreitung

Erdkröten sind in Europa weit verbreitet und fast auf dem gesamten Kontinent anzutreffen.

Lebensraum

Feuchte Wiesen, Weiden, Wälder, Hecken und Gebüsche. Auch in Parks, Gärten und Obstwiesen lebt sie gern. Erdkröten sind sehr ortstreu und kehren immer wieder an den Ort ihrer Geburt zurück.

KOHL VERLAG AMPHIBIEN Sekundarstufe – Bestell-Nr. 12 932

Unsere heimischen Amphibien: Froschlurche und Schwanzlurche

Fortpflanzung
Für die Fortpflanzung ist ein geeignetes Laichgewässer in der Nähe wichtig. Die Weibchen legen ihre Eier in Schnüren (3000 bis 6000 mit einem Durchmesser von ca. 1,5-2 mm pro Ei) ab.

Krötenlaich an Schnüren

Lebenserwartung
Erdkröten können sehr alt werden – circa 10-12 Jahre.

Nahrung
Schnecken, Würmer, Asseln, Spinnen und viele Insektenarten.

Natürliche Feinde
Weißstorch, Graureiher, Greif- und Rabenvögel, Milane, Mäusebussard, Eulen. Jungkröten werden auch von Singvögeln erbeutet.

Gefährdung
Die Zerstörung oder Beeinträchtigung von Gewässern durch Zuschüttung oder Eintrag von Müll, Dünger und Umweltgiften gefährden die Bestände der Erdkröte. Bei ihren Wanderungen vom Winterquartier zum Laichgewässer erleiden sie überall in Mitteleuropa hohe Verluste durch den Kraftfahrzeugverkehr. Schutzzäune und Tunnel für die Amphibien an gefährdeten Stellen können zum wirksamen Schutz beitragen.

Schutzstatus
Die Kröte ist *„besonders geschützt“* nach dem Bundesnaturschutzgesetz der Bundesartenschutzverordnung. Besonders geschützte Arten dürfen nicht gefangen, verletzt oder getötet werden.

Erdkröten-Jungtier

Lebenszyklus der Erdkröte

Der Laubfrosch

Der Laubfrosch hat eine grasgrüne Rückenfärbung, die durch zwei dunkle Seitenstreifen (an den Nasenlöchern beginnend und bis zu den Hinterbeinen reichend) deutlich von der grau-weißen Bauchseite abgegrenzt wird. Die Männchen haben eine orange gefärbte kehlständige mächtige Schallblase (Kehlsack), wogegen die Kehlhaut der Weibchen glatt und weißlich-grau gefärbt ist. Der Laubfrosch ist aufgrund seines blattgrünen Aussehens unverkennbar.

Größe und Gewicht

Laubfrösche erreichen eine Gesamtlänge von 35-60 mm bei einem Gewicht von 4-6,5 g.

Verbreitung

Das Hauptverbreitungsgebiet des Europäischen Laubfroschs erstreckt sich von Südschweden im Norden über weite Teile Mitteleuropas und des Balkans bis nach Portugal im Westen und Kreta und der Türkei im Südosten. In Deutschland ist der Laubfrosch fast überall verbreitet, jedoch lokal oftmals sehr selten oder bereits ausgestorben. Große Vorkommen gibt es beispielsweise im Osten Deutschlands, an der mittleren Elbe und in Westfalen.

Merkmale und Besonderheiten

Von allen heimischen Fröschen kann der Laubfrosch am lautesten rufen. Der Laubfrosch ist die einzige baumbewohnende Amphibienart. Mit seinen Haftscheiben an den Finger- und Zehenspitzen kann er geschickt auf Sträuchern und Bäumen klettern und sich sogar an Glasscheiben festhalten. Der Laubfrosch ist als einziger mitteleuropäischer Vertreter der Frösche einer breiten Öffentlichkeit als Werbe- und Sympathieträger und Flaggschiff des Naturschutzes bekannt.

Lebensraum

Kleine bis mittelgroße, flache und sonnige Kleingewässer, die möglichst fischfrei sind. Wenig genutztes Grünland, Feuchtwiesen, blütenreiche Ackersäume und Hecken-Grünland-Komplexe sowie Altarme von Flüssen und Auengebiete von Flusssystemen, die es aber kaum noch gibt.

Fortpflanzung

Die Fortpflanzungszeit des Laubfrosches erstreckt sich von April bis in den Mai. Die Weibchen legen mehrere Laichpakete mit 50-100 Eiern im Wasser ab. Nach ein paar Tagen schlüpfen die Kaulquappen. 1,5-3 Monate später haben diese sich zu Fröschen entwickelt.

Laubfrosch-Kaulquappe

Fast fertig entwickelte Larve

KOHL VERLAG AMPHIBIEN Sekundarstufe – Bestell-Nr. 12 932

Lebenserwartung

2-5 Jahre

Nahrung

Meist jagen die Laubfrösche nachts nach Spinnen, Mücken, Fliegen und Käfern.

Natürliche Feinde

Storch, Reiher

Gefährdung

- Die Zerstörung oder Beeinträchtigung von Kleingewässern durch Zuschüttung oder Eintrag von Müll, Dünger und Umweltgiften gefährden den Laubfrosch. Insbesondere während den Wanderungen, etwa vom Winterquartier zum Laichgewässer, erfahren Laubfrösche und andere Amphibien häufig Verluste durch den Straßenverkehr.
- Einengung und Veränderung von Fluss- und Bachauen bis hin zum Verlust von Gewässern durch Monotonisierung in der Agrarlandschaft;
- Verlust von Gewässern durch die Monotonisierung der Agrarlandschaft, Grünlandintensivierung, Einebnung von Flächen ...;
- Eutrophierung noch vorhandener Gewässer über Nährstoffeinträge aus der Landwirtschaft.

Schutzstatus

Der Laubfrosch ist „Europaweit geschützt" nach der FFH-Richtlinie (Anhang IV) und „Streng geschützt" gemäß Bundesnaturschutzgesetz. Streng geschützte Arten dürfen nicht gefangen, verletzt oder getötet werden. In Nordrhein-Westfalen, Niedersachsen, Rheinland-Pfalz und Schleswig-Holstein gibt es seit einiger Zeit Artenschutz- oder Artenhilfsprogramme für den Laubfrosch, sodass die Bestände insbesondere durch Feuchtwiesen- und Kleingewässerschutzprogramme in jüngster Zeit wieder zugenommen haben.

Weitere Froschlurche

Männlicher Moorfrosch – zur Paarungszeit

Springfrosch

Rufende Rotbauchunke

KOHL VERLAG AMPHIBIEN Sekundarstufe – Bestell-Nr. 12 932

Schwanzlurche in Deutschland

Feuersalamander, Alpensalamander, Kammmolch, Bergmolch, Teichmolch, Fadenmolch. Der Alpen-Kammmolch, der aus Kroatien nach Bayern eingeschleppt wurde, wird oft als die 21. Amphibienart angeführt.

Die Schwanzlurche haben einen langgestreckten Körper, besitzen ihr ganzes Leben lang einen Schwanz und bewegen sich schlängelnd vorwärts. Zur besseren Fortbewegung im Wasser haben die Molche Schwimmhäute und zur Laichzeit einen Kamm. Bei Salamandern und Molchen findet eine innere Befruchtung statt.

Besonderheiten und Merkmale

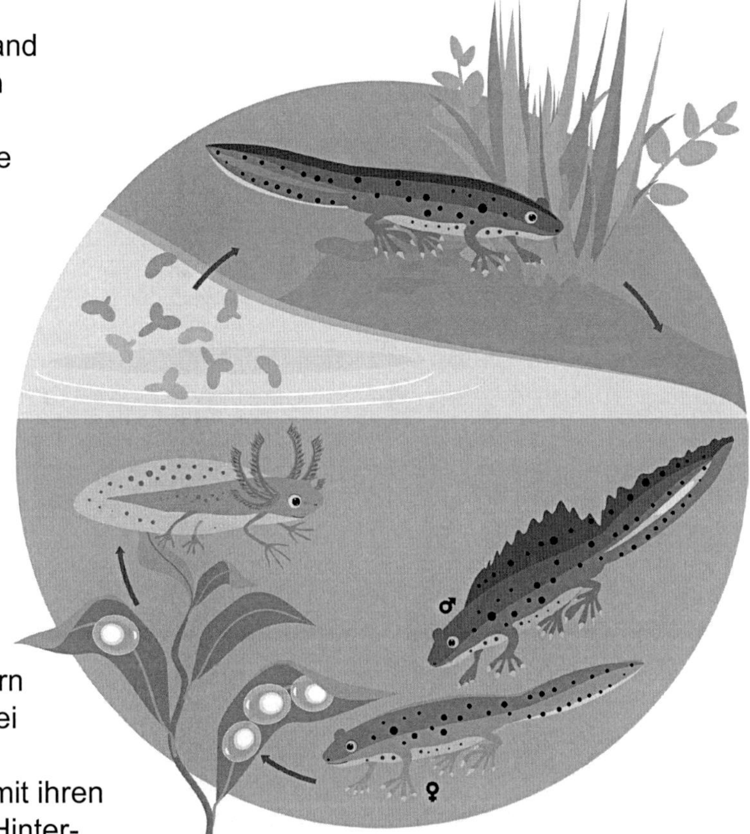

Entwicklungsstadien des Kammmolches – vom Ei bis zum fertigen Tier

- Schwanzlurche unterteilt man in Salamander, die eher auf dem Land leben, und in Molche, die eher im Wasser leben.
- Die vier Beine der Schwanzlurche sind etwa gleichgroß.
- Bei den Larven der Schwanzlurche sind die äußeren Kiemenbüschel bis zur Metamorphose deutlich sichtbar.
- Bei Schwanzlurch-Larven kommen zuerst die Vorderbeine und danach die Hinterbeine zum Vorschein.
  Bei den Froschlurch-Larven geschieht das genau umgekehrt.
- Schon die Larve besitzen die typische Ausprägung mit 4 Fingern der Vorderbeine und 5 Fingern bei den Zehen.
- Molche schreiten auf dem Land mit ihren etwa gleich großen Vorder- und Hinterbeinen voran. Im Wasser bewegen sie sich durch Schlängelbewegungen mithilfe des Ruderschwanzes.
- Schwanzlurche haben <u>mehr Rückenwirbel</u> als Froschlurche. Im Unterschied zu den Froschlurchen sind bei den meisten Schwanzlurcharten Schulter- und Beckengürtel überwiegend knorpelig und weniger fest mit der Wirbelsäule verbunden.
- Molche und Salamander sind genau wie Frösche und Kröten Feuchtlufttiere, das heißt sie bevorzugen feuchte Lebensräume und haben sich an diese angepasst.
- Einige Salamander und Molche besitzen Giftdrüsen, deren Sekrete (ausgeschiedene Flüssigkeit) einen Schutz gegen Feinde bilden und zusätzlich Infektionen durch mikrobiellen Befall verhindern können.

KOHL VERLAG AMPHIBIEN Sekundarstufe – Bestell-Nr. 12 932

8 Unsere heimischen Amphibien: Froschlurche und Schwanzlurche

In Deutschland leben 2 Salamanderarten:

Feuersalamander und Alpensalamander …

Feuersalamander

Alpensalamander

… und 5 Molcharten:

Kammmolch, Bergmolch, Teichmolch, Fadenmolch und Alpen-Kammmolch

Auch als erwachsene Molche leben alle diese Molche zeitweise im Wasser und entwickeln dabei Flossensäume.

Kammmolch

Bergmolch

Alpen-Kammmolch unter Wasser

Fadenmolch

Teichmolch frisst Regenwurm

KOHL VERLAG AMPHIBIEN Sekundarstufe – Bestell-Nr. 12 932

Der Feuersalamander

Seine Färbung ist schwarz glänzend mit einem auffällig gelb-orangem Fleckenmuster auf der Oberseite. Sein schwarz-gelbes Zeichnungsmuster verrät, dass er nicht ganz harmlos ist: Im Tierreich gilt für die Kombination von Schwarz und Gelb: „Vorsicht, gefährlich!"

Feuersalamander haben einen kräftigen, leicht abgeflachten Körper, einen runden Schwanz, der kürzer als ihre Körperlänge ist, und einen großen, breiten Kopf mit runder Schnauze und großen Augen. Mit einer Größe von 14-20 cm gehört er zu den größten heimischen Schwanzlurchen.

Am Rücken und hinter den Ohren haben sie Giftdrüsen, die im Notfall das Sekret *Salamandrin* sogar bis zu 1 m weit spritzen können. Salamandrin ist ein Krampfgift, das auf das zentrale Nervensystem wirkt. Kommen Angreifer mit dem giftigen Sekret in Kontakt, führt es bei erster Berührung zunächst zu starken Haut- und Schleimhautreizungen. Die meisten Fressfeinde werden dadurch bereits abgeschreckt. Problematisch wird es, wenn ein Tier einen Salamander ins Maul nimmt oder frisst, denn so gelangt das Salamandrin direkt in den Körper und entfaltet dort seine Wirkung. Der Blutdruck erhöht sich und die Atmung wird gelähmt.

Verbreitung

Feuersalamander kommen in weiten Teilen West-, Mittel-, Süd-, und Südosteuropas vor. Bei uns kommt der Feuersalamander im westlichen, mittleren und südwestlichen Deutschland vor.

Lebensraum

Feuersalamander leben in Laub- und Mischwäldern, dort suchen sie sich feuchte und kühle Plätze. Am Tag verstecken sich die nachtaktiven Tiere unter Totholzbeständen, Baumstämmen, in Erdhöhlen, unter Baumwurzeln oder in der Laubschicht auf dem Boden. Die Überwinterung erfolgt an Land in Winterstarre.

Unsere heimischen Amphibien: Froschlurche und Schwanzlurche

Fortpflanzung

Feuersalamander sind die einzige Lurchart, die sich an Land paaren – Paarungszeit März bis September. Die Eier werden im Körper des Weibchens befruchtet. Feuersalamander brauchen zur Fortpflanzung langsam fließende Bäche oder Weiher/Tümpel mit kühlem und sauberem Wasser. Dort setzen die Weibchen 20-30 Larven ab. Sie sind 2-6 cm lang.

Feuersalamander-Larve

Feuersalamander-Jungtier

Lebenserwartung

Sie können recht alt werden. In freier Wildbahn wurden Tiere nachgewiesen, die mindestes 20 Jahre alt waren.

Nahrung

Sie sind nachtaktiv (vor allem bei und nach Regen) und jagen Würmer, Schnecken, Spinnen und andere Insekten. Die Larven fressen Bachflohkrebse oder Wasserflöhe.

Feinde

Der Feuersalamander hat ein so auffälliges Farbmuster und eine entsprechend effektive Verteidigungstaktik aufgrund seines giftigen Sekrets Salamandrin, dass er praktisch keine natürlichen Fressfeinde hat.

Gefährdung

Durch den Ausbau und die Begradigung von Bachen, die Verschmutzung seiner Fortpflanzungsgewässer und den Straßenverkehr ist er erheblich bedroht.

Schutzstatus

Der Feuersalamander hat den Status „Besonders geschützt" gemäß Bundesnaturschutzgesetz und Bundesartenschutzverordnung. Besonders geschützte Arten dürfen nicht gefangen, verletzt oder getötet werden.

Der Kammmolch

Kammmolche haben eine stark gemusterte, individuelle Bauchfärbung. (Bauch = gelb-orange, mit großen scharf begrenzten Flecken; Rücken = grau-schwarz mit dunklen Flecken) Die grobkörnige Haut ist an den Kopf- und Körperseiten mit vielen weißen Pünktchen bedeckt. Seinen Namen hat der Kammmolch vom tief gezackten Rückenkamm. An den Schwanzseiten erkennt man ein silbrig glänzendes Band. Die Weibchen haben einen niedrigen Schwanzsaum.
Kammmolche sind an Land meist nachtaktiv, führen eine versteckte Lebensweise und werden deshalb häufig übersehen. Der Kammmolch verbringt einen großen Teil des Jahres im Wasser. Bei entsprechender Witterung wandert er bereits im Februar ins Gewässer ein und bleibt dort bis in den August.

Größe und Gewicht

Männchen bis 15 cm, Weibchen bis 18 cm. Der Kammmolch ist die größte einheimische Molchart. Gewicht 10-12 g.

Lebenserwartung 3-18 Jahre

Verbreitung

Der Kammmolch ist von Westfrankreich und den Britischen Inseln über ganz Mitteleuropa verbreitet. In Deutschland kommt der Kammmolch fast flächendeckend vor, jedoch handelt es sich dabei meist nur um kleine Populationen.

Lebensraum

Feuchte Gründlandbestände mit Hecken, Feldgehölzen und Wäldern und natürlich mit Kleingewässern ist der ideale Lebensraum des Kammmolches. Kammmolche leben gern in Teichen und Weihern, die immer Wasser aufweisen und eine reich verkrautete Unterwasservegetation aufweisen. Der Landlebensraum befindet sich in unmittelbarer Nachbarschaft der Laichgewässer und ist reich an Versteckmöglichkeiten unter Holz- oder Steinhaufen, im Wurzelbereich der Bäume und in Kleinsäugerbauen. Früher waren Kammmolche in tieferen Tümpeln der Flussauen zu finden, die es heute leider kaum noch gibt.

Nahrung

Der Kammmolch ist rund um die Uhr aktiv (Schlaf-Wach-Rhythmus). Im Wasser kleine Krebse, Würmer, Egel, Insekten und Insektenlarven, sowie Kaulquappen von Fröschen und Kröten. An Land frisst er Regenwürmer, Insekten und Landschnecken. Er schluckt seine Nahrung im Ganzen hinunter.

Feinde

Natürliche Feinde sind Fische, Vögel (Reiher) und Libellenlarven sowie Gelbrandkäfer. Kammmolche brauchen eine reichhaltige Unterwasservegetation und flache, gut bewachsene Uferbereiche, um sich zu verstecken.

KOHL VERLAG AMPHIBIEN Sekundarstufe – Bestell-Nr. 12 932

8 Unsere heimischen Amphibien: Froschlurche und Schwanzlurche

Gefährdung

Die Zerstörung oder Beeinträchtigung von Laichgewässern durch die Intensivierung der Landwirtschaft (Entwässerung, Pestizide), Zuschüttung oder Eintrag von Müll, Dünger und Umweltgifte gefährden die Bestände des Kammmolches. Fischbesatz mindert die Qualität der Laichgewässer. Insbesondere während den Wanderungen, etwa vom Winterquartier zum Laichgewässer, erfahren Kammmolche und andere Amphibien häufig Verluste durch den Straßenverkehr.

Kammmolch-Lave

Fortpflanzung

Die Geschlechtsreife erreichen Kammmolche nach 2-3 Jahren. In den Laichgewässern findet von Ende März bis Juli die Paarung und Eiablage statt. Ein Weibchen legt mehrere 100 Eier, die einzeln mit den Hinterbeinen in umgefaltete Blätter von Wasserpflanzen gelegt werden. Die Eier sind gelblich und etwas größer und deshalb gut von anderen Molcharten zu unterscheiden. Vom Schlüpfen der Larven bis zur Umwandlung zum Molch dauert es je nach Temperatur 2-4 Monate. In der Regel verlassen die Jungmolche im Spätsommer die Laichgewässer.

Schutzstatus

„*Europaweit geschützt*“ nach der FFH-Richtlinie (Anhang II und IV) und „Streng geschützt“ nach Bundesnaturschutzgesetz. Streng geschützte Arten dürfen nicht gefangen, verletzt oder getötet werden. Außerdem ist es verboten, sie durch Aufsuchen ihrer Lebensstätten zu beunruhigen.

Aufgabe 1: 

Erkläre den Unterschied zwischen Frosch und Kröte.

____

____

Aufgabe 2:

Der Feuersalamander schützt sich durch das Sekret „Salamandrin“ – erläutere.

____

____

____

Aufgabe 3: 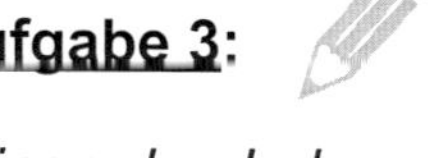

Bringe den Lebenszyklus der Erdkröte in die richtige Reihenfolge und nenne das Lösungswort.

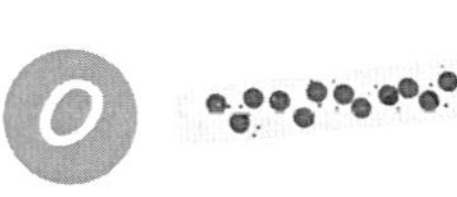

Lösungswort: ___ ___ ___ ___ ___ ___

Aufgabe 4: 

Lösungswort: __ __ __ __ __ __ __ __ __
1 2 3 4 5 6 7 8 9

Löse das Kreuzworträtsel.

a) Er sieht grün wie ein Buchenblatt aus.
b) Ein Erdkröten-Weibchen wiegt fast … so viel wie das Männchen.
c) Die Haut der Erdkröte hat viele …
d) Auf diesem Kontinent ist die Erdkröte fast überall zu finden.
e) ein Fressfeind der Erdkröte
f) noch ein Feind der Erdkröte
g) Weltweit gibt es ca. … Amphibienarten.
h) Die Larven der Frösche heißen …
i) Frösche springen, weil die ... länger sind als die anderen.
j) Sie dienen der Erdkröte als Nahrung.
k) Die Erdkröte hat den Status „… geschützt“.
l) Bei einer Schwanzlurch-Larve kommen sie zuerst zum Vorschein.
m) Schwanzlurche haben mehr … als Froschlurche.
n) Einige Schwanzlurche können … als Schutz gegen Feinde einsetzen.
o) Dieser Lurch hat das schönste Farbmuster.
p) In dieser Lage können manche Lurche ein Sekret abspritzen.
q) Frisst ein Tier einen Salamander, hat das Auswirkungen auf Blutdruck und …
r) Er sieht einem Dinosaurier ähnlich.

ä = AE
ö = OE
ü = UE

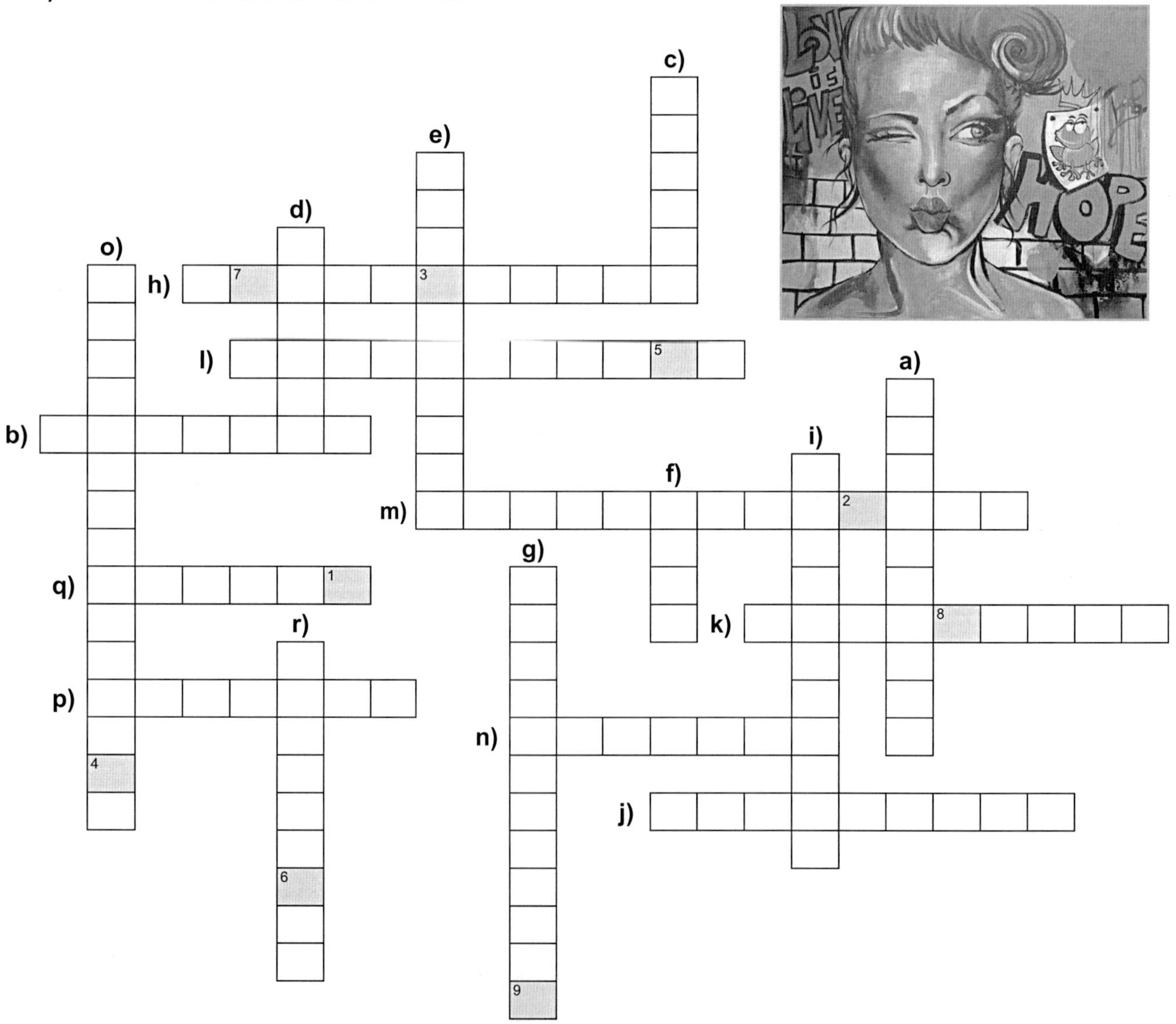

AMPHIBIEN Sekundarstufe – Bestell-Nr. 12 932
KOHL VERLAG

9 Gefährdung und mögliche Schutzmaßnahmen

Die Anzahl an Amphibien ist stark zurückgegangen, viele Arten gelten als gefährdet. Amphibien drohen eine Vielzahl von Gefahren, wobei der Mensch den größten Einfluss auf den Rückgang der Tiere hat.

Das liegt vor allem an folgenden Gründen:

- Zerstörung und Verkleinerung der Lebensräume insgesamt und insbesondere der Laichgewässer durch Bebauung und Vermüllung;
- Ausweitung des Straßennetzes und Zerschneidung der Lebensräume, sodass viele Tiere auf der Wanderung zum Laichgebiet überfahren werden;
- durch ihre dünne Haut sind Lurche besonders anfällig für Schadstoffe aus der Umwelt (Pestizide, Dünger, Chemikalien).

In Deutschland leben 21 der weltweit existierenden 6000 Amphibienarten. Ungefähr die Hälfte davon steht aktuell auf der *„Roten Liste der gefährdeten Arten“* (inklusive Vorwarnliste). In einzelnen Bundesländern sind auch einige Arten, die als nicht bedroht gelten, in ihrem Bestand bedroht, z. B. der Feuersalamander und der Fadenmolch in Hessen und Niedersachsen.

Hauptsächlich leiden die Amphibien unter dem Verlust ihrer Lebensräume. Der fortschreitende Flächenverbrauch durch Industrie und Landwirtschaft, die Zerschneidung der Landschaft durch Siedlungen und Straßen erschweren ihnen das Überleben.

Viele Hektar wertvoller Auenflächen als besondere Refugien werden jedes Jahr durch Hochwasserdämme und Uferverbauung trockengelegt. Laichgewässer werden vernichtet oder verschmutzt. Tausende Frösche und Kröten sterben jedes Frühjahr auf Straßen bei ihren Wanderungen zu den Laichgewässern. Häufig fallen Lurche in Kellerfenster, Lichtschächte, Außenkellertreppen und in Straßengullys. Wenn sie nicht rechtzeitig entdeckt werden, verhungern oder vertrocknen sie.

Seit vielen Jahren sind in vielen Regionen Deutschlands Naturschutzgruppen Jahr für Jahr aktiv und stellen Fangzäune auf, tragen Frösche und Kröten über die Straße, damit sie ihre Wanderung (Saison ist in der Regel 2-3 Monate, mit dem Höhepunkt gegen Mitte März) zum Laichgewässer fortsetzen können. Manchmal werden auch Ersatzlaichgewässer angelegt. Interessierte Jugendliche können sich an örtliche Naturschutzgruppen und Tierschutzvereine wenden, um dort evtl. mitzuhelfen.

9 Gefährdung und mögliche Schutzmaßnahmen

Zunächst müssen die Fangzäune aufgestellt werden, wobei das manchmal auch die Kommune/Stadt oder die Straßenbauverwaltung übernimmt. Wenn die Zäune stehen, müssen diese **jeden Tag kontrolliert** werden, am besten am frühen Abend und am frühen Morgen.

Die in die Eimer gefallenen Amphibien werden in Transporteimer umgesetzt und über die Straße getragen, damit sie ihre Wanderung fortsetzen können.

Wenn neue Straßen die Lebensräume oder Wanderwege von Amphibien beeinträchtigen, muss dies von den Straßenbauern wiedergutgemacht werden – zum Beispiel durch Tunnel, die unterhalb der viel befahrenen Straße angelegt/gebaut werden müssen.

Grasfrosch vor einem Tunnel

Will man Amphibien wirklich schützen und erhalten, muss man die spezifischen Biotopansprüche der verschiedenen Amphibienarten berücksichtigen und entsprechende Biotope erhalten, ausweiten oder auch neu anlegen.

Biotop für Lurche – neu angelegt

KOHL VERLAG AMPHIBIEN Sekundarstufe – Bestell-Nr. 12 932

9 Gefährdung und mögliche Schutzmaßnahmen

Selbst was tun – Gartenteich anlegen und gestalten

Wer einen eigenen Garten hat, kann einen Gartenteich anlegen und so gestalten, dass sich Teichmolche oder evtl. auch Kröten/Frösche ansiedeln. Wichtig hierbei ist, dass nicht nur der Teich, sondern auch die Teichumgebung optimal gestaltet wird.

Im Folgenden werden einige ausgewählte Punkte genannt, die dabei beachtet werden sollten:

- Der Teich sollte im Halbschatten liegen und eine variable Tiefe von 10-100 cm aufweisen.
- Da Molche und Kröten/Frösche Amphibien sind und sowohl im Wasser als auch an Land leben, muss das Ufer des Teiches breit und flach angelegt sein, damit die Tiere den Gartenteich auch jederzeit verlassen können.
- Das Umfeld des Teiches sollte möglichst naturbelassen sein, damit die Molche und Kröten/Frösche sich verstecken können und vor Feinden, z. B. Vögeln, geschützt sind.
- Molche beispielsweise benötigen auch geeignete Verstecke, z. B. Steine, Äste, Reste von Baumstämmen, die im Teich und am Teichrand platziert werden.
- Im Teich sind Wasserpflanzen wichtig, z. B. Hornkraut und Wasserpest, damit die Molche und evtl. auch Kröten an diesen Pflanzen ablaichen können.
- Im Teich sollten keine Fische vorhanden sein, da die Fische den Laich und die Kaulquappen fressen und somit keine Population von Molchen entstehen kann.
- Auf den Einsatz von Algenmittel, Dünger und Chemikalien sollte man im Teich und im Umfeld des Teiches verzichten.

9 Gefährdung und mögliche Schutzmaßnahmen

Aufgabe: 

Löse das Kreuzworträtsel.

a) Dabei werden Lurche oft überfahren.
b) Sie ist empfindlich gegen Schadstoffe aus der Umwelt.
c) Gefährdete Amphibien stehen auf der … Liste.
d) In Hessen und Niedersachsen ist er besonders bedroht.
e) Das geschieht zum Leid der Lurche oft mit der Landschaft.
f) Dort können Frösche nicht selten hineinfallen.
g) Die an die Feuchtigkeit angepassten Tiere drohen dann zu …
h) In diesem Monat gehen die meisten Kröten auf Wanderschaft.
i) Das machen die Lurche am Ziel der Wanderung.
j) Allgemeines Ziel von Gruppen, die Amphibien helfen.
k) Das stellen Helfer an bestimmten Stellen auf.
l) An so vielen Tagen müssen diese Stellen kontrolliert werden.
m) Dies sollte beim Straßenbau an von Krötenwanderung betroffenen Stellen auch gebaut werden.
n) Orte, wo die Ansprüche bestimmter Amphibien besonders berücksichtigt werden.
o) Die Fortpflanzung ist das … der Krötenwanderungen.

Lösungswort: __ __ __ __ __ __ __ __ __ __
1 2 3 4 5 6 7 8 9 10

ä = AE
ö = OE
ü = UE

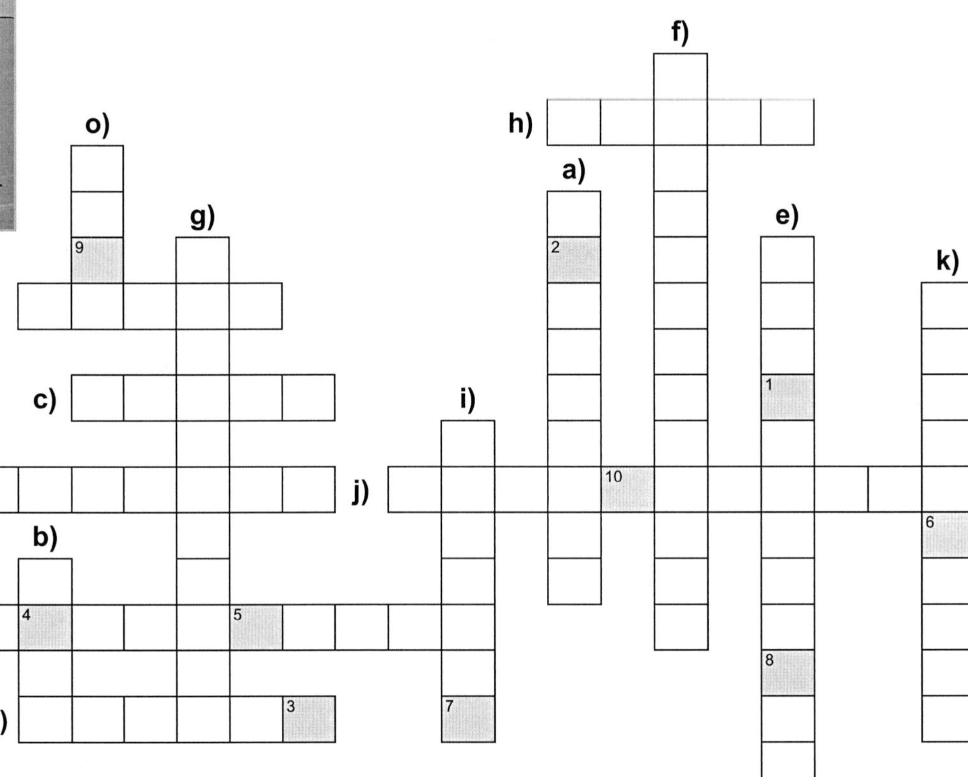

10 Lösungen

2. Lehrplan/Kerncurriculum Kl. 5/6 – Amphibien

Aufgabe 1: Ei – Froschlurche – Kiemen – Kaulquappe – Laich – Landwirbeltiere – Larve – Schwanzlurche – Teichfrosch – Wirbeltiere

Aufgabe 2: Aufgrund von Erfahrungswerten kann man sagen, dass die Amphibien erst ab einer Temperatur von mind. 5 °C wandern; in der Regel sind die Wanderungen umso größer, je feuchter das Wetter ist. Erfahrungen zeigen, dass sie von Mitte Februar bis Anfang April zu ihren Laichgewässern wandern.

Aufgabe 3: Wanderungen zum Laichgewässer können für Frösche und Kröten lebensgefährlich sein. Der Naturschutzbund Deutschland (NABU), der Deutsche Tierschutzbund und örtliche Tierschutzgruppen unterstützen daher die Frösche und Kröten auf ihrem Weg zum Laichgewässer.

Maßnahmen:

- Ab Ende Februar werden an exponierten Orten Schutzzäune für Kröten und Frösche entlang vielbefahrener Straßen aufgestellt, um die Frösche und Kröten vor vorbeifahrenden Autos zu schützen. In die Nähe des Zaunes werden Eimer in Löchern in die Erde gestellt. Damit werden die Tiere aufgefangen, die nach einem offenen Spalt im Zaun gesucht haben. Tierschützer kümmern sich um die Kröten und Frösche und bringen sie auf die gegenüberliegende Straßenseite.
- Von der Gemeinde werden Tunnel unter der Straße gebaut. Auf diese Weise können die Kröten und Frösche ihren Weg unterirdisch fortsetzen und kommen sicher auf die andere Seite und zu ihrem Laichgewässer.

3. Biologie: Evolution – Botanik – Ökologie – Physiologie – Anatomie – Zoologie

Aufgabe 1:

Lösungswort: **Kiemen**

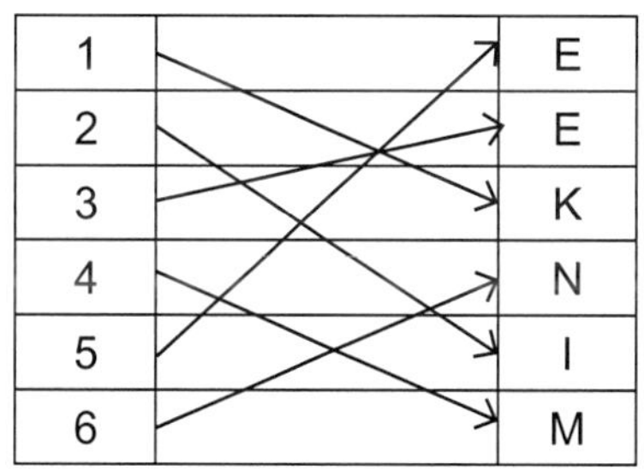

1		E
2		E
3		K
4		N
5		I
6		M

Aufgabe 2: Die Quastenflosser lebten vor ca. 380 Mio. Jahren im Erdaltertum (Devon, Karbon) im Süßwasser und drangen von dort auf das Land vor. Wissenschaftler sehen die Quastenflosser als einen Vorfahren der Lurche an. Zu den Lurchmerkmalen gehörten die aus Knochen bestehenden paarigen Bauch- und Brustflossen, die eine kriechende Fortbewegung ermöglichten, sowie die fortschreitende Ausnutzung des Luftsauerstoffs zur Atmung.

Aufgabe 3: Die Evolutionsbiologie befasst sich mit der Entstehung und Weiterentwicklung von Lebewesen. Dazu gehören die Entstehung des Lebens sowie die Bildung, Umwandlung und Weiterentwicklung der Arten.

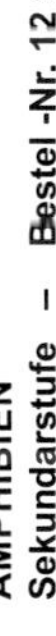

4. Evolution und Amphibien

Aufgabe 1: Als Landwirbeltiere (*Tetrapoda*) fasst man die Wirbeltiere zusammen, die über vier (= *tetra*, griech.) Füße (= *podes*, griech.) verfügen. Dazu gehören Amphibien, Reptilien, Vögel, Säugetiere und Menschen. Dabei können sich im Laufe der Evolution die Vorderbeine zu Flossen (Wale) oder zu Flügeln (Vögel) entwickelt haben.

Aufgabe 2: Der Fleischflosser heißt *Panderichthys* und wird als Übergangsform zwischen Fischen und primitiven Landwirbeltieren angesehen, da die Knochen seiner vorderen Brustflossen bereits weitgehend zu Gliedmaßen umgestaltet waren, die hinteren Bauchflossen hingegen noch weitgehend fischähnlich waren.

Aufgabe 3: Die Entwicklung aller Landwirbeltiere wird überwiegend auf einen Urtyp, den Urlurch (*Ichthyostega*), zurückgeführt. Dieses Tier bewohnte unsere Erde lange vor den Dinosauriern und ist eines der ersten vierbeinigen Wirbeltiere. *Ichthyostega* war eines der ersten Landwirbeltiere, das zeitweise auf dem Land leben konnte. Er war über 1 m lang, hatte einen ca. 20 cm langen, massiv gebauten Schädel mit in der Mitte liegenden Augenöffnungen. Das Schädeldach und der Oberkiefer waren fest miteinander verbunden. Die Extremitäten waren kurz und stämmig.

Aufgabe 4: Lösungswort: **SAUERSTOFF**

a) WASSERMONSTER
b) MOLCH
c) ACHT
d) HUNDERT
e) HAI
f) QUASTENFLOSSEN
g) FISCH
h) KROKODIL
i) TETRAPODA
j) LANDGANG
k) DREIHUNDERT
l) ZEHNMAL
m) ORGAN
n) METAMORPHOSE
o) SEENSYSTEM
p) LATIMER
q) FLOSSE
r) KIEMEN
s) GENOM

5. Was sind Amphibien?

Aufgabe 1: Das Wort „Amphibien“ stammt vom griech. „*amphibios*“, das man mit „doppellebig“ übersetzen kann, da sich ihr Leben im Wasser und auf dem Land abspielt. Aufgrund dieser Eigenschaft haben sie den wissenschaftlichen Namen „Amphibia“ erhalten.

Aufgabe 2: Weil Amphibien ihren Laich im Wasser ablegen und sich ihre Larven im Wasser entwickeln. Sie atmen zunächst wie Fische durch Kiemen. Wenn sie älter werden, gehen sie an Land (Landgang) und leben dann an Land und im Wasser.

5. Was sind Amphibien?

Aufgabe 3: Amphibien verbringen ihre Kindheit als Larve im Wasser, machen dann in ihrer Jugend eine große Entwicklung durch. Dabei finden teilweise starke Veränderungen in der Lebensweise und Physiologie des Tieres statt. Im Laufe ihrer Entwicklung bilden sich eine Lunge sowie Gliedmaßen, während sich die Kiemen und der Schwanz zurückbilden. Ab diesem Zeitpunkt wechseln die Frösche ihren Lebensraum und leben hauptsächlich an Land. Die Entwicklung von der Larve zum erwachsenen Tier nennt man Metamorphose.

6. Amphibien sind Wirbeltiere

Aufgabe 1: An Land: Frösche bewegen sich meistens hüpfend oder springend fort, Schwanzlurche bewegen sich schreitend oder kriechend vorwärts.
Im Wasser: Frösche bewegen sich mit Hilfe ihrer langen und kräftigen Hinterbeine, Schwanzlurche schwimmen und tauchen schlängelnd mit Hilfe ihres Ruderschwanzes.

Aufgabe 2:

Lebensraum:	Land und Wasser
Gliedmaßen:	vorn 4 Finger, hinten 5 Zehen
Atmung:	Kiemen bei Larven – Lunge bei erwachsenem Tier
Körperbedeckung:	schleimig, feucht mit Drüsen
Fortpflanzung:	Eier bzw. Laich

Aufgabe 3:

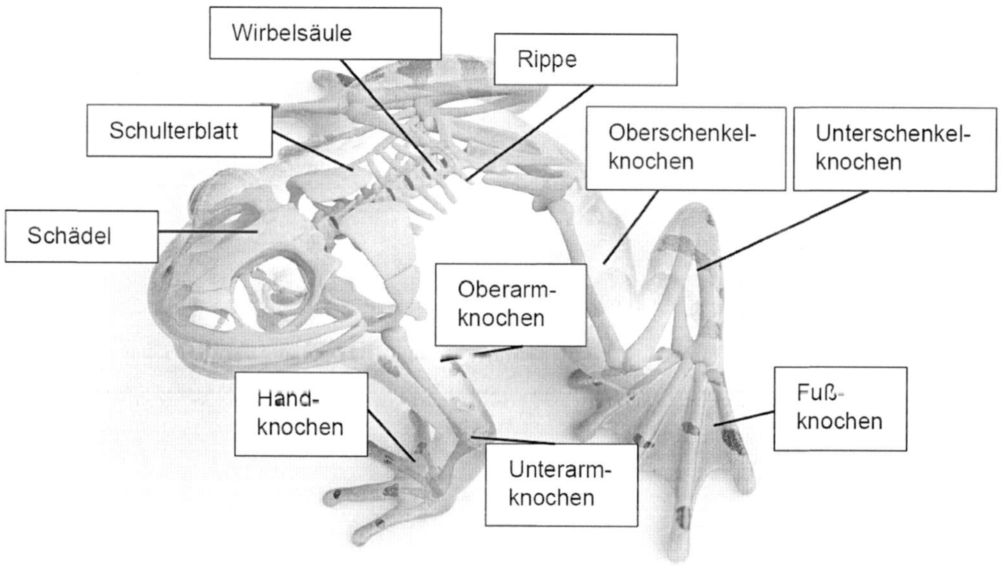

7. Amphibien – Merkmale und Besonderheiten

Aufgabe 1: Froschlurche: Alle Frösche, Kröten und Unken haben als Jungtiere (Kaulquappen) einen Schwanz, der sich während der Metamorphose zurückbildet.
Schwanzlurche: Salamander und Molche haben einen länglichen Körperbau und einen Schwanz, den sie ihr ganzes Leben lang behalten.

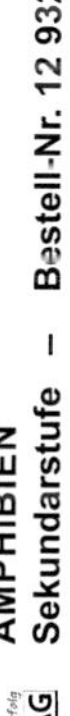

7. Amphibien – Merkmale und Besonderheiten

Aufgabe 2: Lurche können ihre Körpertemperatur nicht selbst regulieren, sondern müssen sich immer an die äußeren Gegebenheiten anpassen, d. h. die Körpertemperatur von Amphibien ist von der Umgebungstemperatur abhängig. Im Sommer, bei höheren Temperaturen, sind Lurche aktiver und bewegen sich schneller. Im Winter dagegen werden sie träger und fallen in eine Winterstarre. Die Abhängigkeit der Körperfunktionen von der Umgebungstemperatur nennt man wechselwarm.

Aufgabe 3: Frösche bewegen sich auf dem Land mithilfe der hinteren Sprungbeine springend. Die Zehen sind durch Schwimmhäute verbunden. Im Wasser sind sie geschickte Schwimmer, indem sie mit den Hinterbeinen kräftige Stöße ausführen.
Molche schreiten auf dem Land mit ihren etwa gleich großen Vorder- und Hinterbeinen. Im Wasser bewegen sie sich mithilfe des Ruderschwanzes schlängelnd vorwärts.

8. Unsere heimischen Amphibien: Froschlurche und Schwanzlurche

Aufgabe 1: Kröten sind vom Körperbau her plumper als Frösche. Ihre Hinterbeine sind nicht wesentlich länger als ihre Vorderbeine, deshalb laufen sie und springen nicht. Kröten sind Landtiere, die das Gewässer nur zur Eiablage aufsuchen.

Aufgabe 2: Salamandrin ist ein Krampfgift, das auf das zentrale Nervensystem wirkt. Kommen Angreifer mit dem giftigen Sekret in Kontakt, führt es bei erster Berührung zunächst zu starken Haut- und Schleimhautreizungen. Die meisten Feinde werden dadurch bereits abgeschreckt. Problematisch wird es, wenn ein Tier einen Salamander ins Maul nimmt oder frisst, denn so gelangt das Salamandrin direkt in den Körper und entfaltet dort seine Wirkung. Der Blutdruck erhöht sich und die Atmung wird gelähmt.

Aufgabe 3: Lösungswort: **MOLCHE**

Aufgabe 5: Lösungswort: **GRUENLAND**

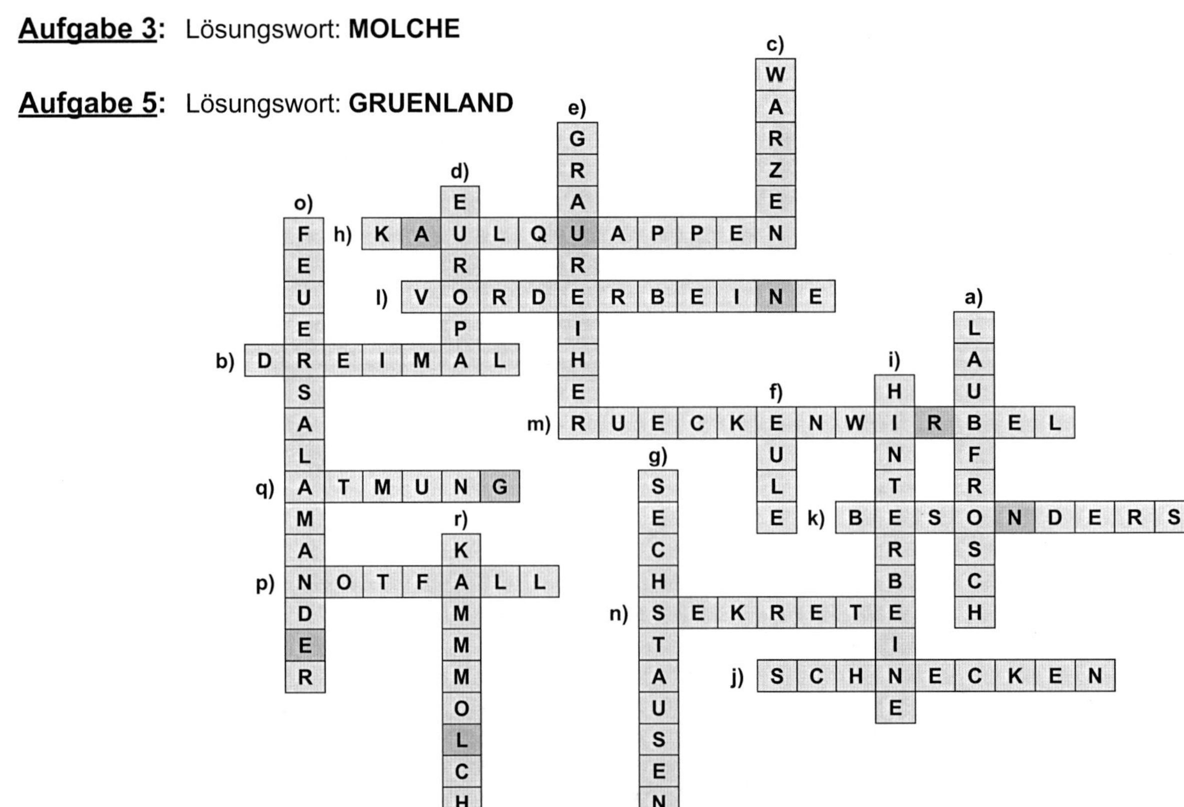

AMPHIBIEN Sekundarstufe – Bestell-Nr. 12 932
KOHL VERLAG

9. Gefährdung und mögliche Schutzmaßnahmen

Aufgabe: Lösungswort: **SALAMANDER**

- a) WANDERUNG
- b) HAUT
- c) ROTEN
- d) FADENMOLCH
- e) ZERSCHNEIDUNG
- f) KELLERFENSTER
- g) VERTROCKNEN
- h) MAERZ
- i) LAICHEN
- j) NATURSCHUTZ
- k) FANGZAEUNE
- l) ALLEN
- m) TUNNEL
- n) BIOTOPE
- o) ZIEL

KOHL VERLAG AMPHIBIEN Sekundarstufe – Bestell-Nr. 12 932

Bildquellen

Bildquellen © AdobeStock.com:

S. 3: Ralf Kraft;
S. 5: Komwanix;
S. 6: Rolf Müller;
S. 7: CrazyCloud (bearb.), Countrypixel;
S. 8: Olena, JuliaBliznyakova;
S. 9: ArgitopIA, mostwest, endstern, Kazakova Maryia;
S. 10: ArgitopIA, mostwest, endstern, Kazakova Maryia, Olena, JuliaBliznyakova, Catmando;
S. 11: valeriyap;
S. 12: dottedyeti (2x), Liliya;
S. 13: PIXATERRA, Catmando;
S. 15: lapis2380 (2x), Ива Димова;
S. 16: Evgeny;
S. 17: Dr. N. Lange, imipolex, ExQuisine, mostwest;
S. 18: silvergull, MedienPcMarcel, Rolf Müller, Hans-Jürgen Krahl;
S. 19: mostwest;
S. 20: SciePro (2x), 3D Horse, roadrunner, 3drenderings;
S. 21: mostwest;
S. 22: Ruckszio, SciePro;
S. 23: Aintschie, Tobilander, eytnamrap, Marek R. Swadzba;
S. 24: mostwest;
S. 25: mostwest;
S. 26: mostwest, Kazakova Maryia, Ralf Kraft;
S. 27: mostwest;
S. 28: Олександр Луценко;
S. 29: Astrid Gast, kerstiny;
S. 30: Winfried Rusch, bennytrapp (2x);
S. 31: bennytrapp (3x);
S. 32: Kazakova Maryia;
S. 33: Marek R. Swadzba, Lennart, bennytrapp (3x), eytnamrap, Josua;
S. 34: slowmotiongli;
S. 35: HPE, Wolfgang;
S. 36: bennytrapp;
S. 37: bennytrapp, kerstiny;
S. 38: Dominika Baum;
S. 39: reisezielinfo, Countrypixel;
S. 40: haenson, bennytrapp (2x), Dagmar Breu;
S. 41: zinkevych, sonne_fleckl;
S. 42: Ralf Kraft, HansGeorg;
S. 45: SciePro

Bildquellen © wikimedia.org:

S. 23: Marek R. Swadzba;
S. 29; Senzefrau (Michaela Senz)